働き方改革の世界史

濱口桂一郎
Hamaguchi Keiichiro
海老原嗣生
Ebihara Tsuguo

ちくま新書

1517

働き方改革の世界史【目次】

序章

日本人が煙たがる「労働運動」というもの

†対岸の火事としての労働争議

どうして私たちは、労働運動に関してこんなに無知になってしまったのでしょう。話は少々古くなりましたが、令和最初の年の夏に、そんなことを考えさせられる事件がありました。二〇一九年八月一四日、ところは東北道の佐野インターチェンジにあるサービスエリア。こちらでフードコートや売店の運営をゆだねられているケイセイフーズ社の従業員が、罷業《ひぎょう》（ストライキ）行為を行ったのです。

マスコミ記事によると事態がここに至った経緯は以下の通りです。

同社は取引先銀行から新規融資を止められたことにより、資金繰りに窮していました。当然、仕入先業者は同社からの代金回収に不安を抱き、結果、納品が滞りかねない事態に陥ります。店の棚から商品が減っていく中で、従業員も異変に気づき、不安な気持ちを募らせはじめます。この状況の打開策として、総務部長だったK氏が、仕入れ決済を前払いにすることや現状を従業員につまびらかにすることなどを提案。経営側も一度はこの直言を受け入れたのですが、直後に撤回し、さらにK氏を解雇。K氏は納得いかず、解雇の撤回と経営へ事態改善を要望しましたが、聞き入れられなかったために、従業員の大多数の賛同を得て、お盆真っただ中にスト的行為を断行したのです。対して、経営側は、他店や他職務の従業員の駆り出しや、新規募集などで対抗します。

ここまではK氏側からの発表をもとに書かれた記事をもとにしているため、詳細は異なるかもしれません。

驚いたのはこの事件が起きた当初の新聞やテレビの反応です。経営者の不当行為を糾《ただ》す従業員の勇気ある行動を評価するようなコメントや、困惑する来場客の状況をレポートするにとどまり、このスト的行為や経営側の対抗策が、労働争議として適切か否かについては語られることがほとんどなかったのです。テレビでニュースを見た人たちの感想は、まるで悪代官を懲《こ》らしめる農民一揆のごとく、快哉《かいさい》を叫《さけ》ぶ声が大多数でした。

ただ、勧善懲悪の時代劇ではないのだから、不正を糾《ただ》すにしても、そこには履行《りこう》しなければならない手続きや手順があります。マスコミも視聴者もそのことにはほぼ、触れない状態が続きました。

一方、ネットの世界では早くからこの件について、労働争議として適切か否かが問題となっておりました。弁護士や研究者、労働組合の関係者、企業の総務・法務担当など少数のプロがダイレクトに声をあげられるサイバー空間では、一般の人たちの感傷的な想いとはまったく異なる、ハイレベルな議論が交わされていたのです。

いわく、組合員の過半数が賛成していたか、事前に経営に正式な要求とそれが履行されないときのスト断行の予告をしていたか、事後に知事もしくは労働委員会＊に届け出をしたか、といった手続きの話。そうした手続きがなくとも、今回の場合はストとしての構成要件を満たしていたのではないかという反論。いや、大多数の従業員が自発的に加担しており、K氏は事前要望書も出している、また事後の届け出も行った、という再反論。対して、そもそも労働委員会での調停や労働審判という係争方法もあったのにいきなりの実力行使は問題ではないか、という意見。これにも、ことの緊急性や重要性から致し方ないという再々反論……。

＊労働委員会……労使紛争を解決するための権限を有する行政委員会をいう。具体的には、斡

旋、調停、仲裁といった調整的権限と、不当労働行為に対する救済などの準司法的権限である。厚労省所轄の中央労働委員会、都道府県が設置する都道府県労働委員会がある。

まだ係争中の事案だけに、本件の当否についてこれ以上は触れないことにします。ただ、この件を通して明らかになったことは、多くの日本人は、労働争議についてほとんど何も知らないということです。それは、視聴者としてテレビやニュースで時たま目にするワン・トピックでしかなく、自分たちが実際に主人公となって争議を起こすという実感が極めて薄い、ということでした。

私たちには、勤労の義務があります。仮にそんな義務がなかったとしても、生きていくためには基本的に働くことが必須といえます。とすると、その「労働」をより実りある納得性の高いものにすることは、人生にとってとても大事なことといえるでしょう。ならば、労働の条件を守り、改善していくための方策について、まずは知っておくべきではないでしょうか。

この本では、どのような歴史的経緯をたどり、労働条件を守り改善する仕組みができてきたか、を論じていきます。

本論に入る前にざっと、その構造について、書いておくことにしましょう。

†日本の労働組合はガラパゴス的な形態をしている

まず、労働条件の維持向上のために必要なのは、経営者と交渉をすることです。その際、一人の個人が単独で経営と対峙しても、多勢に無勢で要望が通らないことがほとんどでしょう。そこで、労働者が多数団結して、経営側と交渉する、という戦術がとられます。この団結して交渉を行うために、労働組合が必要となります。みなさんも、労働組合の存在について知らない人はいないでしょう。

ただ、日本の労働組合というものが、世界でも異質なガラパゴス的形態だということはご存じですか？

日本の場合、多くの労働組合が、企業ごとに組織され、他社とは別の団体となっています。「会社で働く人たちが、自分の会社に対して交渉するのだから、会社ごとに組合があって当たり前だ」と考える人が多いでしょう。ところが、それは世界の中では異端なのです。

多くの国では、労働組合は企業横断的に作られており、それは職業別に組織されたり、もしくは産業別に組織されたりしています。たとえば、工場で働く工員さんは、他の会社の工員さんたちと一緒に技能工組合に加入し、店舗で販売やサービスに携わる店員さんたちは、販売員組合に入る、といった形で、社外の同職の人たちと一緒に労働組合を作っているのです。結果、社内にはそうした色々な労働組合の支部がある形となり、一つの企業に多種の組合が入り込むようになっている。日本人からするとあり得ないような不思議な状態ですね。

でも、海外では当たり前なこんな形の企業横断型の労働組合だと、団体交渉も労働争議も、日本よりかなり合理的に行えるのです。

†協調的だが暴れ出すと手に負えない日本型の労働組合

たとえば、現状の労働条件や職務環境に問題がある場合、海外の企業横断型組合であれば、同職につく他企業の人たちとの比較が非常に容易です。すぐに問題はつまびらかになり、是正を迫ることができる。だから、どこか一社が著しく劣る労働環境になることは許されないでしょう。一方日本は、他社の状況は分かりません。

また、日本の労働組合は、社内に閉じこもっているわけだから、組合員が声を上げたりすると経営から厳しい仕打ちを受けてしまいそうで、戦々恐々としてしまいがちです。外に広くつながる横断型組合なら、そうした心配も小さくなります。

さらにストライキも、日本では非常に行いにくい環境にあります。日本だと単独の労組がストを敢行する場合、えてして、一社のみの休業状態となるでしょう。これはストに参加する労働者にとっても相当、不安が付きまとうことになります。なぜなら、ストを続ければ、自社の業績は落ち、顧客は他社に持っていかれてしまうからです。結果、自社は業績悪化して、待遇はさらに悪くなる可能性が高いし、下手をしたら会社がつぶれて路頭に迷うかもしれません。こんな不安があるから、労働側もストライキを強行することを憚《はばか》るのです。経営者からすると、ストライキは自社のみの失速になるから、輪をかけてそれを嫌います。

一方、海外の場合、一つの組合がストライキを行ったとしても、その組合員は企業横断的に存在するわけだから、広く多くの企業が休業状態に入ることになる。これなら、一社だけの失速とはならず、労使とも落ち着いて交渉ができるわけです。

こんな、なかなかストライキが起こせない日本のような企業内労組が、ひとたびストライキを強行したらどうなるでしょうか?

経営側は「自社の失墜、他社の伸長」を恐れ、労働側に過度に配慮するようになってしまいます。実際、過去にはそうした経営側の忖度《そんたく》の末に、「組合が会社を潰した」「会社を乗っ取った」という事例が多々あり、そうしたことから、日本の経営者や少なからぬ労働者が、労働争議に対して後ろ向きな気持ちを抱くようになってしまったのでしょう。

以上で、日本と海外の労働組合の違いと、それがどのような問題を孕《はら》むか、概略分かっていただけたかと思います。

そうすると今度は、「企業横断型の労組を持つ海外では、社内の個別かつ特殊な問題はどうやって交渉するのか」という新たな疑問が生まれて来るのではありませんか？

†社内調整のための仕組み

こうした問題を解決するために、欧州の主要国には、「従業員代表制度」「経営協議制度」と呼ばれる仕組みがあります。これは、従業員の代表を選び、彼らが経営の中に入って、経営の意思決定に携わる、というものです。基本的に雇用に関連することが協議の主題となりますが、たとえば、事業縮小や事業所閉鎖、解雇、労働時間の運用（たとえばフレックス制にするとか）などに関しては、従業員代表との協議が必要になっています。

また、この従業員代表には、職域や役職などのバランスを考慮して選ぶため、社内の多様な人たちの意見や利害を調整する仕組みにもなりえます。職種別組合が多重に入り組む国などでは、企業内の多種多様な組合の意見調整に欠かせない仕組みともいえるでしょう。

このように、社外との連携（横断型組合）、共同決定（従業員代表制）という二つの仕組みがあることで、労働に関する交渉や調整が実に合理的にできることがお分かりいただけましたか。

†英米と欧州大陸国で異なる進化

本書では、労働運動の仕組みについて、どのような経緯でそれが出来上がったのかを時代と国情などから整理して説明していきます。

横断型組合は欧州の職人組合（ギルド）をその祖とするところが大きく、ウェッブ夫妻が『産業民主制論』で言及している集合取引（コレクティブ・バーゲニング。詳細は第1講）という手法により、一九世紀にはイギリスである程度、形が出来上がっておりました。集合取引とは、企業を問わず、同職に就く労働者全員を広く束ねて、経営側と交渉を行う、という手法です。一人の脱落も許さず、全労働者を束ねてしまえば、経営も容易に文句は言えない、というわかりやすい戦法ですね。

アメリカでは集合取引と罷業（ストライキ）で、社内においても雇用に関する意思決定は労働者が自ら差配するという方向に進みます。これは俗に「ジョブ・コントロール」と呼ばれます（第2講で紹介するゴンパーズや第3講のパールマン）。ただ、それは手に入れた権利以外、すべて経営に委ねるという一種の「休戦協定」でしかなく、結果、労働者と経営の距離がどんどん離れていくという弊害を生みます。

ここまで、つまり集合取引を軸にしたのが第一章となります。

続いて第二の軸は、共同決定という仕組みですが、こちらは、ドイツにおいて、社内に従業員代表制度を作り、この仕組みで経営側と協議を行う、という形で、雇用や労働に関する意思決定には労働者側を慮《おもんぱか》る「共同決定」システムが定着していきます。この仕組みは、労働側（第4講のナフタリ）と経営側（第5講のフィッシャー）両方からの歩み寄りでできています。

ただよくよく考えると不思議なことでもあります。なぜなら、経営者側がなぜ労働者側を慮って、自らの権利を譲ったかという疑問が起きるからです。この点についての解が第6講のケテラーにより示されます。要は、そこには「カトリシズムの社会観」という見えざる糸があり、自由主義や営利至上主義とは異なる企業の在り方を考える土壌があったのです。官民一体で行うドイツ型職業訓練のデュアル・システムなども、こうした社会観の中から、産業側が社会奉仕をする一風景だともいえるのでしょう。

†片翼だけの労使関係の問題

こうして、社外と広く連携を果たして条件闘争をする仕組み（集合取引）と、社内では経営側と労働側がうまく対話する仕組み（共同決定）が出来上がっていきます。ドイツはこのどちらもうまく取り込んだために、労使関係の調整をスムーズに計ることができました。一方、集合取引を軸にした英米は、とりわけ労使の共同決定という機能を欠き、ゆえに社内統制で様々な問題が発生していきます。

イギリスではそれは、労働の秩序がなおざりになるという形で、アメリカでは労使の離反、および互いが無関心になるという形で、いずれも企業としての統制が取れなくなっていきました。この問題にどう立ち向かうべきかが第三章のテーマです。ここにはフランスの例も収載しました。フランスでは長い間、社内に労働組合の支部を作ることが許されず、組合もイデオロギーや宗教で乱立するという混沌《こんとん》とした状態にありました。そうした社内の無秩序状態をどう脱却するか、という意味で苦悩した様を含めて、第三章に厚みを持たせています。

ここまでで労働運動の流れが分かった中で、第四章では講義としては最終となる第12講において藤林敬三を取り上げ、いよいよ日本型労働組合の問題に迫ります。企業内に閉じこもった組合が、集合取引も従業員代表も任されることの功罪が詳《つまび》らかになるでしょう。

第五章では、本講を担当した「雇用のご意見番」濱口に、素人代表として私、海老原が率直な疑問を投げかけ、労働思想のダイナミズムについて直言してもらうことで、本講の行間を埋める作業をしております。

説明が前後してしまいましたが、本書の構成は、まず知っておくと理解が深まるように時代背景をまとめた【受講準備】を海老原が執筆しました。続いて、労働思想の原典を読み解く【本講】を濱口が（講義の実況中継風のやや軽めの口調で）執筆しています。各章末に要点や流れがわかるように【復習ノート】を入れており、これも濱口が担当しました。翻訳出版された年代と取り上げた順番が前後する部分がありますが、労働思想のメカニズムを理解するうえでは、こうした差配が必要でした。ご海容《かいよう》いただけると幸いです。

海老原嗣生

第一章　トレードからジョブへ

欧米と日本の労使関係で象徴的に異なるのが、労働組合のあり方です。企業内もしくは事業所内で一緒に働く労働者が団結して組合を作る日本型に対して、欧米（とりわけ欧州）では労働組合は企業内に閉じておらず、横断的に広く同職や同業を結んで成立しています。この根源的な違いはどこから来たのか。その大元にある「コレクティブ・バーゲニング」について考えることにしましょう。

第1講　出発点は集合取引（コレクティブ・バーゲニング）

シドニー＆ベアトリス・ウェッブ、高野岩三郎監訳
『産業民主制論』
大原社会問題研究所、一九二七年（復刻版：法政大学出版局、一九六九年）

【受講準備】

†会社を超えた広い連帯

日本人からすると度肝を抜くような同書中の言葉を引っ張りだして、まずは、頭の中をシャッフルして頂くことにします。

「「自分は各々《おのおの》の職工にその必要または働きに応じて報酬を与ふるのであつて、自分自身の使用人以外何人とも交渉するを肯《がえ》じない」と云《い》う言葉は、もはや今日は、主要産業に於ては、或は片田舎の地方とか又は格別に専横なる固主の口よりする外、殆《ほとん》ど耳にしなくなった」

抄訳すれば、給与・報酬条件に関して、従業員本人からの交渉しか受けつけないという

経営者は、当時の英国ではすでにマイナーな存在となっていたということです。

会社に雇われてサラリーをもらうのが当たり前と考える日本人からすると、ウェッブの時代のイギリスは、もはや理解の枠をはるかに超えているのではありませんか？　それが、当時から連綿と続く、欧州型労働運動の一つの基本なわけです。

職工は会社を超えた広い連帯で、経営に対して強く交渉を挑み、好条件を獲得していく。そこには、会社ではなく、同じ職業（トレード）の方が、まとまりを作る大きなファクターとなっている。労使関係の基礎を考えるとき、その最小単位のブロックが、今の日本人からするとなかなか理解しづらいものなのです。そこで、ガツーンと目を覚ましてもらうために、まずは本講をじっくり読んでほしいところです。

著者のシドニー（一八五九—一九四七）とベアトリス（一八五八—一九四三）はイギリス人夫婦で、二人あわせてウェッブ夫妻という名で高校の世界史教科書にも登場しています。

社会主義者団体であるフェビアン協会とイギリス労働党の理論的指導者であるとともに、夫シドニーは下院議員、労働党の閣僚として、妻ベアトリスは救貧法廃止の運動家としても活躍しました。

【本講】

†労働思想の必読古典

労働思想の古典と言えば、一〇〇人中一〇〇人がウェッブ夫妻のこの本を挙げること間違いはありません。それほど有名な本ではあるのですが、例えばちくま学芸文庫とかに収録されているならともかく、戦前、大原社会問題研究所から翻訳刊行され、戦後、法政大学出版局から復刻されたとはいえ、現在絶版状態の一〇〇〇頁をはるかに超えるこの大冊をきちんと読んだ人は、労働研究者の中にもそれほどいないのではないか、とりわけ集団的労使関係が人気薄な昨今の若手研究者の中にはほとんどいないのではないかと、推察しています。

ところが、見た目の分厚さに気圧《けお》されずに読み進めていくと、この本は日本型雇用システムとまったく異なるイギリス型雇用システムの原型を極めてくっきりと示してくれている本であることに気がつきます。もちろん、原著の初版が一八九七年というまさに一世紀以上昔の本ですから、現在のイギリスの雇用システムとは異なるところがいっぱいあります。むしろ、この間にイギリス労働社会がどれだけ変わったかということがイギリス研究の焦点でもあるのですが、にもかかわらず、極東のこの国から見れば、一九世紀から二〇世紀を貫いて二一世紀に至るイギリスの変わらなさこそが目につくのです。

それは、私が諸著で「メンバーシップ型」に対比して「ジョブ型」と呼んでいる欧米型雇用の原型であり、労働研究者であれば「ジョブ」（職務）が確立する以前の「トレード」（職業）の時代の雇用システムであると言うでしょう。その「トレード」の作る団結体が「トレード・ユニオン」（正確に訳せば「職業組合」）であり、同書はそのトレード・ユニオンの機能を詳細に分析した本なので、いってみれば日本的な（会社のメンバーであることがすべての前提となる）「社員組合」とはまったく異なるトレード・ユニオンの姿が浮き彫りになっているのです。そういう観点から同書を紹介したものはあまり見当たらないので、ここではもっぱら、その観点から見ていきたいと思います。

†失われた失業保険機能

同書は三編からなり、その第二編は「労働組合の職能」と題してその機能を分析しています。ウェッブ夫妻によれば相互保険（ミューチュアル・インシュランス）、集合取引（コレクティブ・バーゲニング）、法律制定（リーガル・エナクトメント）がその三大手法です。主として論じられるのは集合取引ですが、その前に今ではイギリスでもほとんどその機能を失った相互保険に触れておきましょう。

相互保険には一般の保険会社でもやれる疾病、災害等の共済保険と、「単に職を得ること能《あた》はざるが為《た》めに生じたる所得の途絶に対する保険」（失業保険）があり、後者は労働組合にしかできません（でした）。なぜか？

もちろん、「個々の組合員の主として目的とする所は、これに依《よ》つて賃銀《ちんぎん》所得途絶の為《た》めに彼自身及び彼の家族が困窮に陥るを防ぐにあるかも知れ」ませんが、「集合的見地よりする組合自身の目的は、組合員が、饑餓《きが》に迫られて、職業全体の利益より見て不利なるが如《ごと》き条件を以て、仕事を引受くるに至らんことを防ぐにある」からです（186頁。頁数は邦訳、必要に応じてルビを補う、以下同）。つまり、何よりもまず「標準賃銀の下落を防止する」ための労働供給制限の仕組みとして作り出されたのです。

「労働組合は、一方に於《おい》てその全組合員に命じて失業中の同僚の為めに全力を尽して地位を見出さしめ、又厳罰を科して失業者が「提供せられた場合に仕事を拒絶する」ことを禁じてゐるが、……幾ら仕事の口があつても、若《も》しこれらが標準賃銀率以下であるか、若《も》しくはその他の点に於て定規の条件に反するものであれば、組合員は、啻《ただ》にこれらを悉《ことごと》く拒絶する自由がある許《ばか》りでなく、所属支部の満足する以外の条件で仕事を受けることは絶対に禁じられてゐる」（190頁）のです。ウェッブ夫妻はこれを同盟罷業（ストライキ）に対する「各個罷業」と呼んでいます。「職工が一人一人と去るに従つて……雇主の自負高慢の鼻は折られ、彼はその見る能《あた》はざる力を感ずる」（196頁）のです。

しかし、こうした「労働組合の計画的方針としての各個罷業の成功は、組合がその中に凡《すべ》ての一人前の同職者を網羅せる程度と、組合員が終始一貫克己自制《こつきじせい》して共同目的を追求する能力如何《いかん》とに懸《かか》つてゐ」（197頁）ます。よほどの強力な組合でなければ難しいのです。

原著刊行後のイギリスでは、失業保険は「法律制定」の道を歩み、労働組合の手を離れていきました。今では日本を含む多くの国で、失業保険は国が運営するものと相場が決まっています。では、同書の上記の記述はもはや時代遅れなのでしょうか？

実は、世界には未だに労働組合が失業保険の運営に関わっている国があります。スウェーデン、デンマーク、フィンランドの北欧三国とベルギーです。面白いことに、すべて労働組合組織率が極めて高い国です。労働組合の連帯の証としての失業保険制度を手放さなかった国が、労働組合の力を維持している国であるというところに、ウェッブ夫妻の一〇〇年前の洞察が生きていることを感じます。

†集合取引とは、労働力を高く売ること

コレクティブ・バーゲニング（集合取引）は、現在でも労働組合のもっとも中心的役割と見なされている機能です。でも、戦前の翻訳だけあって、訳語が古いですね。「集合取引」だなんて、まるで市場で商品を取引しているみたいな表現です。もしちくま学芸文庫で新訳を出すのであれば、ちゃんと「団体交渉」と訳して欲しいところです。……って、いやいや、冗談じゃありません。戦後の「社員組合」に慣れ親しんだ人々の、会社の仲間同士の間での、必ずしも切れ目がないその上の方の人々と下の方の人々で行われる、会社の売上げのどれくらいを会社の中のどの層にどういう風に配分するかを決めるための、日本型「団体交渉」とはまるで違うのが、このコレクティブ・バーゲニングであるということを腹の底まで理解するためには、まずはその訳語を古めかしい「集合取引」としておく必要があります。

そう、それは市場取引なのです。労働という商品の取引なのです。まさにバーゲニングなのです。ではなぜ取引を集合的にしなければならないか？

それは「各人の特殊なる必要の影響を全然度外視し得る」からです。「若《も》し職長が各職工と個人的に取引したとすれば、或る者が非常なる困窮に陥つて半日も仕事を離るゝに忍

びないことを知り、これを利用して非常に安い賃銀を強制することも出来るであらう。……然るに、集合取引の方法が行はるゝときは、職長は、これら両種の職工の競争を利用して、他の職工の所得を低下せしむることが出来なくなる」からです（202頁）。そして、都市や地方のすべての雇主と職工を拘束する「従業規則」（ワーキング・ルール）によって、「雇傭《こよう》に関して、最も富裕なる企業者も、破産に瀕《ひん》せる建築業者も、又注文輻輳《ふくそう》せる会社も、閑散を極めてゐるものも、皆これに依《より》て一様の地位に立つことゝなる」からです（203―204頁）。

おやおや、また古くさい訳語が出てきました。「従業規則」だなんて。今度、ちくま学芸文庫で新訳を出すときにはちゃんと「就業規則」って……。いやいや、企業内だけで通用する現代日本の「就業規則」なんて言葉で訳された日には、読者の頭の上には「？マーク」が林立しちゃいますよ。これは地域的産業別協約そのものなんです。なぜ、それが必要なのか？

「一地方に於ける凡《すべ》ての会社、又は一産業に於ける凡《すべ》ての地方が、人間労力の購買価格に関しては、出来得る限り同一の立場に置かるゝとすれば、彼等の競争は、自《おのずか》ら機械の改良、良質安価なる原料の仕入、有利なる販売市場の獲得の形を取るの外はないと云ふことになる」（205頁）からです。

こうして一九世紀末のイギリスでは既に、「曾《かつ》ては雇主の労働組合に答ふる常套語《じょうとうご》であつた「自分は各々《おのおの》の職工にその必要又は働きに応じて報酬を与ふるのであつて、自分自身の使用人以外何人とも交渉するを肯《がえ》んじない」と云《い》ふ言葉は、最早今日は、主要産業に於ては、或は片田舎の地方とか又は格別に専横なる雇主の口よりする外、殆《ほとん》ど耳にしなくなつた」のです（206頁）。

あれ？　何かひっかかりましたか。「人間労力の購買価格」！　労働者をモノ扱いするとはなんというふざけた奴だ、という非難の声がどっと押し寄せてきそうです。いやいや、労働という商品を出来るだけ高く売るための仕組みがトレード・ユニオンなんです。そのためには、上述の「各個罷業」をみんなで一斉にやる「同盟罷業」も有効です。「かくの如き労働の停止は、吾々《われわれ》の見解を以てすれば、個人的にしろ団体的にしろ、労働の雇傭に関する凡《すべ》ての商取引に必然的なる附物《つきもの》であつて、これは、恰《あたか》も御客が番頭の云ひ出し値段に同意しない時その店を去る所の小売商売に伴ふ所の事柄と、同様である」（256頁）。ほらね、「商売」なんですよ。

†日本は生活給、イギリスは標準賃銀率

トレード・ユニオンの「商売」の目的は何か？　労働という商品の値段を標準化するこ

とです。「一様に適用せらるべき或る一定の標準に従つて賃銀を支払ふべしとの主張即ちこれである」(330頁)。この「標準賃銀率」(スタンダード・レート)の発想がない国では、働き方改革をめぐるから騒ぎでも分かるように、同一労働同一賃金という舶来の概念もあらぬ方向にばかり迷走していってしまいます。その意味では、大変アクチュアルな概念でもあります。

同書には、当時の経済学者が労働組合を「熟練、知識、勤勉及び性格の相違を無視して、均一賃銀率を求めるといふ、最も誤れる最も有害な目的」(333頁)と非難している文章も出てきます。今日の日本でも見られる光景です。

ウェッブ夫妻はかかる非難を的外れと評します。「イギリス労働者は決して共産主義者ではない」(334頁)と。むしろ、トレード・ユニオンが求めるのは「同一骨折《ほねおり》に対する同一報酬の原則、換言すれば普通に所謂《いわゆる》標準賃銀率」であり、これは「賃銀の平等とは正反対のものである」(385頁)と断言します。

ここでは詳説はしませんが、戦後日本の年功賃金制の原型が呉海軍工廠《くれかいぐんこうしょう》の伍堂卓雄《ごどうたくお》の生《せい》活給思想《かつきゅうしそう》であり、終戦直後の電産型賃金体系であり、その主たる哲学的理念がジョブの如何に関わらない社員としての平等にあったことを考えれば、イギリスのトレード・ユニオンが生み出したスタンダード・レートの発想ほど、日本の社員組合の生活給思想の対極に位置するものはなかったとすら言えるかもしれません。

戦後日本ではイギリスの労使関係についての文献が山のように出されてきましたが、この一番肝心要《かんじんかなめ》の所は、しかしながらあまり明確に指摘されてこなかったように思われます。

雇用の継続と日本型デフレ

第1講の最後に日本型社員組合にとって何よりも大事な雇用継続に対する姿勢を見ておきましょう。

「雇主にその雇はんとする労働者に継続的の雇傭を供する義務を負はすが如き労働組合規制は実に一つもない。賢明か不賢明かは知らぬが、労働組合は、資本家は労働者へ仕事を与へることの出来る間彼等に賃銀を与へるやう期待され得るのみであると云ふ見解を暗黙に承認してゐる。故に雇傭の継続は、消費者の需要の継続に、或はもつと正確に云へば需要供給の的確なる調整に左右せらるることゝなる」(535頁)。

仕事がないのに雇い続けろなんて発想はないのです。むしろ、彼らが抵抗するのは日本型社員組合が真っ先にやりたがるようなやり方です。以下、ウェッブ夫妻の説くところを見ていきましょう。

「併《しか》し乍《なが》ら、資本家と筋肉労働者とは、少数の例外は双方にあるが、それを得るに正反対の方法を主張して来てゐる。事業が閑散となり売れ行が減少する時、雇主の第一本能は価格を下げて顧客の購買心をそゝることである」「この低下を彼は主として賃銀率の方面に求める」「労働組合運動者はこの政策と全然意見を異にする」「労働組合運動者が雇主の彼に要求する犠牲は無用と云ふよりも更に悪いものであると信ずることは、彼の激昂《げっこう》を一層烈《はげ》しからしむる所以となる。単に商品をヨリ低廉な価格にて提供することは、商品に対する世界の総需要を毫《ごう》も増加するものではない」「唯一の結果は、労働者は同一賃銀に対してヨリ多くの仕事を為さねばならぬ」（535―538頁）。

雇用の継続を至上命題とし、それゆえ長時間労働と賃金の下落を受け入れ、結果的にデフレの二〇年間を生み出してきた日本型社員組合とは対極的な一九世紀末のトレード・ユニオンの姿が、一〇〇年以上の時を隔ててくっきりと浮かび上がってくるのが感じられないでしょうか。

第2講 「労働は商品じゃない」の本当の意味

サミュエル・ゴンパーズ、S・ゴンパーズ自伝刊行会訳
『サミュエル・ゴンパーズ自伝　七十年の生涯と労働運動（上巻・下巻）』
日本読書協会、一九六九年

【受講準備】

†アメリカ労働総同盟の初代議長

集合取引自体は、第1講で見た通り一九世紀イギリスで技能工の労働条件闘争としてすでに広がっていたものです。それは「かよわきおんなこどもの保護」ではなく、一端《いっぱし》の筋肉労働者が同業を束ねて戦う仕組みでした。この点において優等生的な引き継ぎ手となったゴンパーズは、福祉や保護や社会主義的理想などはまったく視野には入れず、ひたすら集合取引の維持強化を目指します。

著者であるサミュエル・ゴンパーズ（一八五〇―一九二四）は、アメリカの労働運動家です。

彼はロンドンで生まれ、ニューヨークに渡り、家業の葉巻製造業に従事し、自らも葉巻工となり労働運動に目覚め、葉巻工組合を組織化します。それが雪だるま式に大きくなり遂には一八八六年のアメリカ労働総同盟（ＡＦＬ）の結成につながりました。ゴンパーズは初代議長をつとめ、七四歳で亡くなるまで、その職にありました。

高野《たかの》房太郎《ふさたろう》、鈴木《すずき》文治《ぶんじ》といった戦前の日本の労働運動家も彼の思想に共鳴し、接触もありましたが、その思想が日本に移植、浸透することはありませんでした。

【本講】

†アメリカ労働思想の古典と現代日本

今どき、ゴンパーズなんて知っている人どれくらいいますかね。紙おむつ？　それはパンパース。子ども服？　それはロンパース。一九世紀から二〇世紀にかけてアメリカの労働組合運動をリードした人だと言っても、そういうことに関心を持つ人なんかほとんどいないかもしれません。

でも、近頃よく知った風な顔をして「労働は商品じゃない」とか言っている人いるじゃないですか。会社はもっと社員を大事にしろ、みたいな感じで。その言葉の元をたどっていくと、第一次大戦後のベルサイユ条約、その直前にアメリカで制定されたクレイトン法、さらにゴンパーズ率いるアメリカ労働総同盟（ＡＦＬ）といった歴史がつながってくるのです。そして現在の日本では、ゴンパーズが言いたかった意味とはほとんど逆向きにこの言葉が使われがちになっているということも見えてくるでしょう。

太平洋と一世紀以上の時の流れを挟んで、この言葉が発せられた一〇〇年以上前のアメリカにしばしタイムトラベルをしてみましょう。

†労働組合主義から社会主義への反論

　ゴンパーズを語る時には、必ず彼の徹底した労働組合主義が取り上げられます。若き日に社会主義運動に触れた経験があるだけに、その舌鋒《ぜっぽう》の鋭さは類を見ません。

「過激主義や扇動主義の言説が、既成社会の各方面の力を労働運動に対する反対に向かって結集させ、このことが、まともで必要な運動を進めるに当たっていかに大きな制約になっているかを私は悟った。労働運動の指導を安心して任せられるのは、日々の労働によってパンを得る経験が心にしみこんだ人たちだけだということを私は悟った。労働者の生活向上は、本来労働者の手によって達成されなければならぬと悟った。労働運動の実験はすなわち人間生活の実験である、ということを理解しないインテリと深い提携関係を結ぶのは危険である、と私は悟った」（上巻108頁）。

　戦後日本の労働運動がこれを悟るのに何十年かかったかを考えると、これが一八七四年（明治七年）の認識であることの意味は深いものがあります。一九一二年の葉巻工国際組合の大会で、社会主義者に対してゴンパーズが反論して述べたこの定義は、今でも立派に通用します。

「真の労働組合主義者とは、自分が雇われている産業または職業の組合に属する、どこに出しても恥ずかしくない組合員で、基本原則として、同じ産業や職業に雇われているすべての仲間たちの団結の必要を理解しており、すべての産業および職業のすべての組合の拡張と成長と発展が不可欠かつ必然のものであることを認め、すべての組織賃金労働者の統一、連合、協力、友愛および団結のために努力し、共通の利益のためには私利を後にすることができるし、またそうしており、共通の地位向上のために常に努力し、いかなるドグマや、主義、主張によっても自分の行動範囲を狭められることを拒む賃金労働者のことをいうのである」（上巻189頁）。

だから、彼は労働組合を政党の下部機関にするようないかなる発想にも猛然と反発しました。「われわれは、労働組合が、結局はわれわれに社会的、政治的力をも与えてくれることとなる経済力をまず握るための基本的な機関であることを知っていた」（上巻214頁）。

一八九三年の総同盟大会で、彼は社会主義者たちにこう言い放っています。「私の立場は諸君の主義と相反するだけでなく、諸君の哲学とも相反することをはっきりさせたい。諸君の主義は経済的に不健全であり、社会的には不正であり、産業的には実現不可能である」（上巻388頁）。

第1講で取り上げたウェッブ夫妻が、労働組合の三大手法として相互保険、集合取引、法律制定を挙げたのに比べると、ゴンパーズは愚直なまでに集合取引一本槍です。「われわれが社会主義の政党尊重主義に巻き込まれることを拒否したのは、われわれが党派的、政治的方法が産業の方法と根本的に違うことを知っていたからだけではなく、立法の効果が、働くものの生活のごく一部分にしかふれ得ないからである。その一部分すら、漸進的に改善されていく生活条件にとってなくてはならぬほど重要なものではない」（上巻214―215頁）。

この時期にAFLが掲げた「八時間労働制」とは、決して立法闘争ではなかったのです。むしろ明確に逆でした。一九一三年のシアトル大会で、すべての産業に八時間制を確立する法律の制定を求める社会主義者たちに対し、ゴンパーズはこう決議しています。「アメリカ労働総同盟は、これまでと同じように、賃金と労働時間を規制する問題は、婦人および未成年者の雇用、労働者の健康および倫理を左右し、影響する場合、および、連邦政府、州政府または地方自治体による雇用の場合を除き、労働組合の活動を通して解決されるべきで、立法措置による法律の問題としてはならないことを再び宣言する」（上巻392頁）。

それゆえに、彼はその経済的基盤を確立することに力を注ぎました。

「私のもっとも初期の職務上の努力は、労働組織の安定性を助長することに集中された。

これを達成するためには労働組合主義の経営的基礎を確立し、低い組合費という誤りをたたき直すことによって、組合の安定性を図るという考えを労働組合主義者の思想と習慣の不可分の一部にする必要があった。金をかけない労働組合では効果的な経済活動を維持することはできない」(上巻286頁)。

後にビジネス・ユニオニズムと呼ばれることになるアメリカ型労働組合主義の精神が明確に語られています。

†ネガティブな立法闘争

かくも「労働組合運動は、本来、自力本願の運動である」(下巻64頁)と唱えて立法闘争に否定的なゴンパーズが、ある立法闘争に全力投球しなければならなくなったのは、何よりも裁判所が、労働組合運動を目の敵にしてある法律を駆使してきたからです。その法律は、反トラスト法。日本でいえば独占禁止法に当たる経済法です。

一八九〇年に制定されたシャーマン反トラスト法は、企業の独占を排除し、取引の自由を確保するために、州際通商を制限する一切の契約、トラスト等の団結や共謀を不法とし、刑罰、禁止命令、さらに損害額の三倍の賠償請求権の対象としたものです。

この法律の制定時、ゴンパーズは「ただし、この法律は、労働時間の短縮もしくは賃金増加を目的とする労働者間のいかなる申し合わせ、協定もしくは団結にも……適用されるものと解釈されてはならない」(下巻374頁)という条項を挿入するよう求めましたが、実現しませんでした。彼は、その時からこの法律が企業のトラストではなく労働者の団結に適用されることになるだろうと予想していたといいます。

「当局が法律の適用を怠ることを人々に気付かせないために、弱い方の集団に対して度を超えた情熱を発揮するおそれが多分にあることはこれまでの経験から明らかであった。賃金労働者の生活と労働条件を向上させようとする労働組合は、トラストとは基本的に違ったものであるが、私には、トラスト抑制ができない司法部がその代わりに目をつけるのが私たちの分野だろうという予感がした」(下巻374―375頁)。

実際、裁判所は次々に労働組合による「取引を抑制する共謀」を槍玉に挙げ、一九〇八年のダンベリー帽子工事件で連邦最高裁もこれを認めたのです。

ゴンパーズは、かくして(本来不本意な)立法闘争、それも何か新しいことを実現するためではなく、反トラスト法の適用を制限するためのネガティブな立法闘争に引きずり込まれていきます。

「政治的なものと経済的なものとを明確に区別することが、幾多の難問を決定するとき私を導いた羅針盤だった。経済界は本質的に科学的であり、政治は相争う力の場である。私は労働運動を力の場から救い出すために、労働紛争における禁止命令の発動の規制と制限を求め、労働組合を反トラスト法の適用範囲から除外すべきことを主張し」（下巻378頁）ました。しかし、「われわれの活躍のかいもなく、法案は一つとして議会を通らなかった」（下巻379頁）のです。

ようやくゴンパーズが切望した法案が成立したのは、ウィルソン大統領時代の一九一四年、クレイトン法によってでした。この法案の審議の際、ゴンパーズは底流をなす基本原則を織り込めば、労働組合を反トラスト法の適用範囲からはっきり除外する条項がずっと強化されるだろうと説き、「人間の労働は物資または商品ではない」と書き入れたらどうだろうと提案し、これが盛り込まれました。

†労働の大憲章

「人間の労働は物資や商品ではない。反トラスト法のいかなる規定も、相互援助を目的として設立され、かつ、株式資本を所有することも、利益のために経営されることもない、労働、農業若しくは園芸組合の存在と運営を禁止し、または上記組合の個々の組合員が合法的にその適法な目標を遂行することを禁止もしくは抑制するものと解釈してはならない。かつ上記組合またはその構成員は、反トラスト法の下に取引きの制限を受ける違法の団結または共同謀議と見なされ、または解釈されてはならない」（下巻385頁）。

ゴンパーズはこの法律を「労働の大憲章」と呼び、絶賛しました。これが、「労働は商品じゃない」という言葉の出発点です。多分、現代日本の圧倒的大部分の人々は勘違いをしていたはずです。商品じゃないから、企業がちゃんと社員の面倒を見ろ、なんていうメンバーシップ感覚満載の言葉とはまったく正反対です。

むしろ、反トラスト法が適用されないような特殊な商品として、労働組合による集合取引を談合として違法視されないような特殊な商品として確立するための言葉だったのです。このことを理解するためだけにでも、ゴンパーズ自伝は読まれるべき価値があります。

この言葉が次にベルサイユ条約へ、ＩＬＯ憲章へとつながっていくのですが、残念ながらその前に悲しいお知らせ。アメリカの頑迷固陋な裁判所は、クレイトン法ごときで労働組合の敵視を止めませんでした。

これはもはや彼の自伝を超える話になりますが、連邦最高裁はなおもストライキへの禁止命令の発出を認め、さらに以前は検事しか請求できなかった禁止命令を使用者が活用することができるようにしたのです。この状況を最終的にひっくり返したのは、ゴンパーズ死後の一九三二年に成立したノリス・ラガーディア法です。が、その解説をここでするのは先走りすぎです。生前のゴンパーズに戻りましょう。

†国防会議諮問委員会とＩＬＯ

一九一四年に第一次世界大戦が勃発し、当初中立を守っていたアメリカが一九一七年に参戦したことは、高校の世界史で習ったことと思います。

第一次大戦は史上初の総力戦であり、ドイツ、フランス、イギリスなど多くの諸国でそれまで反体制的立場にあった労働運動の政府への参加が進みました。ドイツでは「城内《じょうない》平和《へいわ》」の名の下、労働組合を戦争遂行に不可欠の協力者として祖国労働奉仕法が制定され、フランスのＣＧＴ《セージェーテー》は戦争協力に転換して兵士への連帯救援活動を行い、イギリスでもいわゆる財務省協約の下、労働争議の凍結が行われました。アメリカでも閣僚からなる国防会議の諮問委員会のメンバーに、ゴンパーズが指名されたのです。

「たまたまそのとき執行委員会が開会中だったので、私は彼らの助言を求めた。執行委員会は指名を受けるべきであると勧告した。その申し出を一晩熟考した末、この地位は無報酬であるし、政府内部の戦争評議会に労働界の代弁者を持つことが絶対必要であるから、市民としても、労働者としても私がこの指名を断ることは正しくないと判断した」（下巻429頁）。

彼は労働運動の戦争奉仕に踏み込んでいきます。一九一七年三月の宣言はこう述べます。

「われわれは敵が誰であろうともこれに対してアメリカ合衆国を守り、保護しかつ保全するために、あらゆる活動分野でわが国に奉仕を捧げるものであり、われわれは、仲間の労働者や市民に対して、労働、正義、自由および人道の聖なる名において、献身的かつ愛国的に同様の奉仕をするよう呼びかけるものである」（下巻438頁）。

第一次世界大戦中におけるこうした労働運動の地位向上を背景として、戦後開かれたパリ講和会議には各国の労働界の代表も参加し、それがベルサイユ条約における労働条項に、国際労働機構（ＩＬＯ）の設立につながっていきます。春秋の筆法を以てすれば、労働組合の戦争協力が国際労働基準の生みの親なのです。ＩＬＯ創設をめぐる歴史秘話は関係文献に委ねて、ここではゴンパーズがヨーロッパ労働運動の立法至上主義に当惑した姿を紹介しておきましょう。

「旧世界と新世界のずれがたちまち表面に出、この食いちがいはその後くすぶり続けた。……旧世界は労働問題を立法を通じて扱うことに慣れていたので、旧世界の代表たちが国際労働問題を国際立法の面でのみ考えるのは当然である。彼らは各国の労働者のための基準を作り上げるべき超政府の発展を頭に思い描いていた。新世界では、労働問題を政治分野とは方法を本質的に異にする経済分野の一部と考えるし、そのうえ、われわれは成文憲法と連邦制の政府から生ずる問題を持っていた」（下巻550頁）。

こうした違いにもかかわらず、ベルサイユ条約第四二七条にゴンパーズが国内で求め続けてようやくクレイトン法に実現したあの言葉が盛り込まれています。「労働は単に商品または商業の対象と見なしてはならない」。こうして、反トラスト法を労働運動に適用し続けるアメリカ司法府との闘いの言葉が、ILOの原則の一つとして盛り込まれたのです。

それは、労働という特殊な商品を団結して売る人々の誇りに満ちた言葉であり、立法に頼らず集合取引一本槍で突き進んだゴンパーズの人生がかかった言葉でもあります。「労働は商品じゃない」と口走る人々のどれくらいが、この言葉の歴史の重みを知っているのか、はなはだ疑わしいところです。

先に触れたとおり、第一次世界大戦後アメリカの裁判所は再び反トラスト法で労働組合を叩きにかかります。それをひっくり返したのはフーバー大統領時代のノリス・ラガーディア法（一九三二年）ですが、既に時代は大きく転換しつつあり、一九三三年に就任したフランクリン・ルーズベルト大統領の下、一九三五年のワグナー法（米国の全国労働関係法）は、団体交渉拒否を不当労働行為とする新たな労働法システムを確立しました。

一九二四年に亡くなったゴンパーズはその姿を見ることはありませんでしたが、それは彼にとってむしろ幸いだったかもしれません。労働問題を立法で解決しようとするニューディール政策は、おそらくゴンパーズには不愉快なものであったに違いありませんから。

第3講 ジョブ型労働運動の哲学

セリグ・パールマン、松井七郎訳
『労働運動の理論』
法政大学出版局、一九五四年

【受講準備】

†ジョブ、ポスト、トレード

「ジョブ」とはなんでしょうか。アメリカ企業の人事管理の実務を見ていると、非常に合理的に機械化されているのが分かります。簡単にいえば、トランプのカードのように積まれている「ポスト」というものを、組織編制に応じて張り付けて、そのポストごとに人を載せていくという作業です。このポストをジョブに置き換えるとわかりやすいでしょう。会社の絵図を書き、それに合うようにレゴブロックのような様々なピースを用意して、それを積み上げていく。そのピースがジョブです。

そもそも、一九世紀の欧州では労働とは社内にあって簡単にいじれるものではなく、社外の同業とつながり、経営都合で斬ったり形を変えたりできないものでした。その接着剤が集合取引であり、仕事の単位は職業（＝トレード）だったのです。それを、企業が自由に差配できるように外との関係を切ってジョブにした。

それならこの「ジョブ」に対して、労働側はどのような防御策や権利獲得をしていくか、というのが、本講で説くところの「ジョブ・コントロール」です。

著者のセリグ・パールマン（一八八八―一九五九）はロシア領ポーランドで生まれ、同地で教育を受けましたが、後にイタリアのナポリ大学に留学。そこで出会ったアメリカ人ジャーナリストに気に入られ、資金の提供まで受けてアメリカのウィスコンシン大学に留学し、才能を開花させます。

【本講】

†階級意識と仕事意識

第2講に引き続き、アメリカの古典です。ただし、前回がサミュエル・ゴンパーズという労働運動リーダーの自伝であったのに対し、今回はアメリカ労働運動の内在的ロジックを見事に摘出した学者の本です。ゴンパーズに体現されるビジネス・ユニオニズムの根底にあるものを「職業意識」（ジョブ・コンシャスネス）として取り出し、一貫した体系として理論付けたのがパールマンなのです。

さて、ゴンパーズとパールマンは興味深いことにどちらもユダヤ人の移民です。ただし、ゴンパーズがイギリスに住むオランダ系ユダヤ人であったのに対し、パールマンはロシア支配下のポーランドに生まれたユダヤ人であり、ボルシェビキ派のマルクス主義者でした。

同書には、マルクス主義者であったパールマンがアメリカ労働運動の生の姿に触れることで、マルクス主義を離れていった痕《あと》がくっきりと残されています。

「この書物の著者（パールマン自身のこと）は、二十年前には、ロシアにおける大学の、同時代の多数の者と同じように、マルクス主義の古典に見出されるような、労働運動の理論を信仰していた。……

その後暫《しばら》くして、幸運にも著者は、ジョン・アール・コンモンズ教授の研究室の一員となった。著者はここでコンモンズ教授の労働理論が、賃金労働者の具体的なありのままの経験から演繹《えんえき》されることを親しく知るようになった。……この研究においては、ヘーゲルの弁証法はどこにも起こらないし、又労働者の歴史的使命も認められない。注意を独占するのは、労働者が、裏切り者、未熟者などとの競争的脅威と戦うこと、即ち、労働者が職業の支配を獲得するために交渉していることである」（序文3―4頁）。

労働運動が目指すのは階級闘争なんかではなく、「職業の支配」（ジョブ・コントロール）であるという認識。その基底をなすのは、ロシアやドイツのインテリゲンチャが声高に叫ぶ「階級意識」（クラス・コンシャスネス）ではなく、賃金及び職業の統制という限られた目的を持つジョブ・コンシャスネスであるというのが、パールマン理論の出発点です。

同書の構成自体がパールマンの半生を象徴しています。緒論（第一章　労働運動の理論構成）の後に、「第一編　歴史」と「第二編　労働運動の理論」の二部構成となっているのですが、全体の分量の約三分の二を占める第一編の中身は、「第二章　ロシア革命」「第三章　ドイツ革命」「第四章　イギリス労働運動」「第五章　労働とアメリカ資本主義」となっています。これは、この順番で労働運動においてインテリゲンチャが優位で、資本主義を打倒する革命を目指す運動が強いということですね。

ロシアでは、賃金労働者階級は「都市の職人階級という先駆者なしに工場工業とともに勃興した」農奴出身者であったために、徹頭徹尾インテリゲンチャの指導する革命党の支配下にありました。ドイツでも一九世紀には社会主義インテリゲンチャの指導下にありましたが、パールマンに言わせれば一八九〇年代の中頃に「ドイツのゴンパース《ママ》であるカール・レギエンと彼の同志である一団が……労働組合の形成を一変させ」「罷業を遂行し安定してしっかりした組合を確立させ」「ドイツにおける組合主義の強固な基礎を決定的なものにした」(83頁) のです。

イギリスは言うまでもなく労働組合運動の母国であり、第1講のウェッブ夫妻で見たように「集合取引」する「トレード・ユニオン」を産み出した国ですが、その時に三つの手法の一つとして「法律制定」があったことをご記憶でしょうか。そう、イギリスは労働運動を母体として労働党という政党を作り、議会を通じて労働社会立法を目指していくという路線をも産み出した国です。これは温和な階級闘争ということもできるでしょう。そして、この点こそが同じアングロサクソンといいながら、イギリスとアメリカを隔てる分岐点です。第2講のゴンパーズが立法闘争に否定的であったことを思いだしてください。階級意識の最も希薄なアメリカ労働運動。ではそれを動かしている原理は一体何なのか？

†ジョブ・コントロールの労働運動

以下、できるだけパールマンの本から引用しつつ、彼の理論を見ていきましょう。

「労働そのものの中から発展してきたイデオロギーは、労働の諸制度が採用している労働規則を研究することによってのみ、これを顕示することができる。そして現在の労働制度は労働組合であるが、過去における労働制度、特にギルドからも多くを学びとることができる。……すべての筋肉労働者集団は、基本的には機会の稀少意識によって規定される経済的態度をもっているが、これはこれら労働者集団の特質である」（5頁）。

この仕事の機会の「稀少意識」こそが、パールマン理論の中核です。

「われわれがここでするように、経済的類型を、それぞれ豊富意識又は稀少意識に関連させることにより、現代と過去の時代との間に橋を懸けることができる。経済的独立性にもかゝわらず、中世の職人やギルドの親方は、今日の賃金労働者と同じ経済的類型に属している。……丁度ギルドの組合員にとって、目に見えて機会が地方市場に限られていたように、産業における賃金労働者にとって、それはほとんどつねに仕事を求める人の数より少ない利用しうる仕事の数に限られている。

……もし手工業労働者の経験におけるように、機会が限られているとすれば、個人に対して、彼の正当な分前以上を専有することを阻止し、同時に、彼の抑圧的取引きを保護することが集団の義務となるのである。そこで集団は、機会の総量に対する分前を請求する資格をもつかどうかを決定するのであるが、共同規制を基礎としてのみ、かゝる機会、仕事、又は市場を利用することを許し、認められた会員の間に、直接間接それを公平に分轄するのである」（221―223頁）。

そのもっとも典型的な姿を、彼はアメリカ及びカナダにおけるもっとも古い労働組合である国際印刷工組合の労働規則に見出します。この規則にこそ、「われわれはそこにロシア流の独裁ではなく、苦心の末成就した労働組合独自の、独裁の完全な姿を見るのである。何となれば、経営者の財産や企業の地位はそのままにして、挑戦することなく、単に雇用の機会のみを、組合の独裁下におくことをもって満足しているからである」（246頁）と、ジョブ・コントロールの本質が現れていると見るからです。

まず何よりも大事なのは、雇用機会を確保するために、組合員であることを雇用の条件とすること、言い換えれば組合員以外は一切雇わないことを経営者に約束させること、つまりクローズド・ショップです。それは、そんじょそこらのユニオン・ショップ＊ではありません。

＊ショップ制……組合員資格と従業員資格についての労使協定。組合員でなくても採用される

が、**従業員は組合に加入しなくてはならず組合員資格を失うと解雇される「ユニオン・ショップ」、組合員でなければそもそも採用してはならない「クローズド・ショップ」などがある。**

「その支配機構は、職場の職長によるのであるが、彼は組合に所属することを強制されている。印刷工組合は、経営者よりもむしろ職場の職長が、雇用及び解雇の権限をもち、その他種々な方法で労働者を処理する。このように組合が雇用及び解雇の法則を定め、組合員である職長は表面上経営者を代表するが、もしこれらの法則に従って行動しないならば、組合によって処罰又は除名されるのである」（２４８―２４９頁）。

それでも職長と労働者の間に紛争の起こることがあり得ます。その処理も全部組合内部で完結するのです。

「解雇の正当性に疑義のある場合、紛争は二人の組合員、即ち職長及び解雇された労働者の間に生じ、そしてそれは組合の司法機関が裁定する。労働者は職場における、すべての労働者の組織である職場組合（Chapel）に提訴し、その判決如何によって、職長又は労働者が単位組合に提訴する。このように解雇の功罪は組合の裁判所に次々に廻されるのであって、経営者はこの問題に関して発言権を持たない」（２４９頁）。

†先任権ルールと残業の考え方

資本主義社会では仕事が増えたり減ったりすることは当然あります。しかし、だからといって、誰を解雇するかを経営者の手に委ねることは許しません。後から雇われた者が先に解雇されるというルール「先任権（Seniority、セニョリティ）*」は、ジョブ・コントロールを基軸とするアメリカ労働運動の象徴ともいうべきものです。

＊先任権（セニョリティ）……労働者の昇進や配置転換、解雇、再雇用などに際し、勤務期間の長い者をまず優先する制度。古参権ともいわれ、アメリカの鉄道会社で発祥し、アメリカの企業社会で発達した制度である。通常は労働協約に規定されている。

「雇用の機会を組合が所有する規則とともに、かかる機会の専有、及び保護に関する規則が存在する。仕事の量が減少する場合、国際印刷工組合法に従えば、最後に雇用された者が、最初に解雇されるのである」（251頁）。

それだけではありません。雇用機会が稀少であることを前提とすれば、本来の労働時間を超えて残業しているということは、人の雇用機会を奪っているということになります。そんな利己的なことは許されません。

分け前の規則及びギルドの割当と並行して、仕事の機会を強制的に配分する規定があります。組合印刷工を雇用しうる余地が存在する場合は、何人も残業をすることを許されません。組合の週六日労働法は、「四十八時間以内をもって一週間の労働時間を構成する。下級組合のいかなる組合員も、それに代るべき者が得られる場合は、一週六日以上、又いかなる管轄権区域においても、一日の仕事の時間を六倍した以上労働すべきではない。……この規約の違反者、又は忌避者に対する罰則規定が設けられている」（251頁）。残業が許されないのは、印刷工という同じジョブの仲間の雇用機会を奪うからです。

とすれば、不況時に仲間を救うために労働時間を短縮することも当然ありえます。印刷工という同じジョブの仲間の間でのワークシェアリングです。そして規約は、「不況時に常用工の労働時間を週五日間に制限して、正規の仕事の一部分を、全組合員に配分する規定を設けている。その程度においては仕事の配分は、個々の労働者に対して強制的である。自発的に彼はいつでも、他の印刷工と仕事を配分することができるのであって、経営者はそれを禁止することはできない。印刷工は、彼が望む場合は、いつでも代替者と代りうるのであって、職長はこれに干渉できない」（251—252頁）。

どうですか。プロレタリア独裁を叫ぶ革命的インテリゲンチャから馬鹿にされてきたアメリカ労働運動が、それでも一つの「労働組合独自の独裁」を作り上げたということの意味が少しはお分かりでしょうか。ジョブ・コンシャスに基づくジョブ・コントロールを突き詰めると、ここまで行くのです。

パールマンはこの思想を「労働者の自ら樹立した哲学」と呼んで称揚します。

✝現場労働者が作り上げ、決めていく

「印刷工によって組織された組合主義において、われわれは労働者による集団的行動の、真に安定したそして成熟した類型に遭遇したのである。印刷工組合に安定しかつ成熟した組合としての資格を与えたのは、それが自分たちの階級の中から出た人々によって指導され、そして安全な「仕事の規則」を発展させたからであるが、更にそれがより深い意味において、個々の組合員並びに集団全体に、同時に奉仕するという矛盾を解決したからでもある」（255―256頁）。

インテリ製ではない労働者の自前の哲学。それこそが労働者に真の「自由」を与えるのだとパールマンは説きます。

「凡《すべ》ての組合は遅かれ早かれ職場の労働者に、自由と同一である職場の権利を強調する。何となれば、それによって彼の仕事を保持する代価として、職長や親方に卑屈に追従する必要がなくなるからである。そして、結局、かゝる種類の自由が労働者に直接であり、それは確実に達成できる唯一のものであり、社会主義によって約束された広範な自由のよう

に、途中で失われることのない自由ではなかろうか」(258頁)。

マルクス主義インテリが約束した「自由の王国」ではなく、現場の労働者が作り上げた「職場の自由」、仕事に関する一切のことを自分たちで決めていくという自由こそが、労働運動の目的であるというのがパールマン理論の到達点です。

†戦後日本との対比

このパールマンの理論は、少なくとも同書が出版された一九二八年には日本にはまったく縁のないものでした。敗戦後、GHQの奨励によって労働組合が雨後《うご》の筍《たけのこ》のように産み出されましたが、理論を主導したのはマルクス主義インテリでした。労働組合法はアメリカ風に改正されても、アメリカ風の労使関係はなかなか日本に入りにくかったようです。

同書の翻訳が法政大学出版局から出されたのは一九五四年ですが、話題になった形跡はありません。当時日本では「労使関係の近代化」が叫ばれ、そのモデルとしてアメリカへの視察団が繰り返し送られていたにもかかわらず、アメリカ型モデルはまったく日本に定着することはありませんでした。同書も、労働問題の専門家が時たま話題にするくらいで、ほとんど忘れられた書物になっていたと言えましょう。

しかし、上に紹介したように、同書は「ジョブ」意識に立脚し、「ジョブ」コントロールを中心に据えたアメリカ労働運動の本質を、極めてわかりやすく（翻訳の質はひどいものですが）示してくれる絶好の解説書です。「ジョブ型」社会の労働運動を突き詰めるとどうなるかということを、極めて明確に提示してくれています。

戦後日本の労働運動が、やはり初期のマルクス主義インテリの「自由の王国」を排除して、現場主導で現場感覚に基づいて構築してきた「メンバーシップ型」の労働運動と、それがいかに対照的なものであるかを、改めて確認してください。

トレード型とジョブ型

第1講に取り上げたウェッブ夫妻の『産業民主制論』が描き出しているトレード・ユニオン（職業組合）とそれが行うコレクティブ・バーゲニング（集合取引）の姿は、戦後日本の社員組合とそれが行う日本型団体交渉とはまったく隔絶したものでした。それは、会社の売り上げのどれくらいを会社の中でどういうふうに配分するかを決めるための会社組織内部の仕組みではまったくなく、個々の労働商品販売業者がお互いに談合して、「人間労力の購買価格」をできるだけ高く引き上げ、スタンダード・レート（標準賃銀率）を設定するためのカルテルにほかならないのです。この「トレード」（職業）こそ、二〇世紀アメリカで「ジョブ」（職務）が確立するまでの、先進世界の労働問題の基軸でした。

その起源は中世の職人ギルドに由来すると思われますが、産業資本主義が勃興し、かつての職人たちが経営主体性を失って個々の労働販売業者に転化していく中で、その交易条件を集団的に改善するために「団結」して価格をつり上げるための集団に純化していったのでしょう。

一九世紀のイギリス労働史は、政府による団結（労働者の談合）の禁止と、それをすり抜けながら拡大していくトレード・ユニオンのイタチゴッコで彩られています。そもそも「トレード」という言葉は商業、交易といった意味もあります。というかむしろそちらが本義です。今日なお世界的に労働組合をさす最も一般的な用語である「トレード・ユニオン」という言葉の中に、労働者とは何よりもまず労働販売業者であるという認識が刻印されているのです。

二〇世紀に「ジョブ型」を作り出したアメリカもその例外ではありません。第2講に取り上げたサミュエル・ゴンパーズの自伝は、一九世紀後半から二〇世紀初頭の時期に、基本的には「トレード型」の労働組合運動をリードした彼の思想と行動をくっきりと示しています。今日AFL-CIOと呼ばれるアメリカ労働組合のナショナルセンター＊は、一九世紀以来のAFL（アメリカ労働総同盟）と二〇世紀前半に生まれたCIO（産別会議）が戦後合併したものですが、ざっくり言えば、前者がトレード型、後者がジョブ型と言えます。ゴンパーズは社会主義が大嫌いで、立法闘争にも否定的で、集合取引一本槍でした。

＊ナショナルセンター……一国レベルにおける労働組合の最上級中央団体をいう。産業別組合や職業別組合から構成され、さらには地域組織（ローカルセンター）を持つ。アメリカ労働総同盟・産業別組合会議（AFL-CIO）、ドイツ労働総同盟（DGB《デーゲーベー》）、日本なら日本労働組合総連合会（連合）などが代表格。

そのゴンパーズの最も人口《じんこう》に膾炙《かいしゃ》した「労働は商品じゃない」という名文句が、多くの反市場主義者の感覚とは正反対に、労働運動を談合として目の敵にするシャーマン反トラスト法（独占禁止法）の適用を排除するための、労働という特殊な商品販売者の誇りに満ちた言葉であったことほど皮肉なことはないでしょう。

二〇世紀アメリカの労働運動は、トレード・ユニオン（職種別組合）からレーバー・ユニオン（産業別組合＊）への移行として描き出されます。アメリカのフレデリック・テイラーの科学的管理法、ヘンリー・フォードの大量生産システム、第一次世界大戦後のウェルフェア・キャピタリズム、そしてニューディール期のワグナー法を始めとする立法と、AFLに対抗して急速に発達したCIO系のレーバー・ユニオンという流れの中で形成されてきたいわゆるジョブ・コントロール・ユニオニズムについて、最も明晰《めいせき》に描き出しているのは、サンフォード・ジャコービィの『雇用官僚制』でしょう。ただ、本書では彼のもう一冊の本、『会社荘園制』（第10講）を紹介するため、その形成途中で書かれた忘れられた古典、「職業意識（ジョブ・コンシャスネス）」をキーワードとしたセリグ・パールマンの『労働運動の理論』を第3講に取り上げました。

＊産業別組合……産業別に組織された労働組合（産別）。企業や職種の別なく、同一産業に従

事する労働者によって組織され、未熟練労働者も含む点が職業別組合とは異なる。欧米では強い勢力を持ったが、日本の場合、産別といっても企業別組合の業種別連合体だった。

ジョブ・コントロール（職務統制）とは、科学的管理法と大量生産システムによって旧来のトレード（職種）が解体し、企業の管理単位としてジョブ（職務）が成立する中で、ジョブ・ディスクリプション（職務記述書）により明確に区分されたジョブごとに時間賃率を設定し、セニョリティによりレイオフ（一時解雇）を規制（勤続の短い順にレイオフし、その逆順で再雇用する等）するといったルールをユニオン主導で確立していくことです。これは労働者の立場からはジョブ・テニュア（職務保有権）とかジョブ・オーナーシップ（職務所有権）とも呼ばれます。

ここで重要なのは、トレードがもっぱら外部労働市場の規制に係る概念であるのに対して、ジョブとは内部労働市場の規制に係る概念であることです。その企業内のジョブをコントロールする主体が、企業単位ではなく（しかしもはや職種単位でもない）産業単位に組織されたレーバー・ユニオンというわけです。やや誤解する向きもあるのですが、ジョブ型も、戦後日本のメンバーシップ型も二〇世紀が生み出した「内部労働市場型の概念」であることは、繰り返し確認しておく必要があります。

第二章　パートナーシップ型労使関係という奇跡

企業の中で労使がどう向き合うか。ドイツではそれを、共同決定と従業員代表制で実現しました。従業員の代表が経営に入り込み、経営情報をしっかりと知ったうえで、労働側の意見を反映させる、という仕組みです。前章で取り上げたアメリカでは、それまで社外にまで連なっていた労働を、社内に押し込み、合理性が高く差配しやすいジョブという形に作り変え、それを管理するという経営手法が浸透していきます。そのジョブに対して、労働側は経営の好きにはさせないように、権利獲得をしていく、という形で労使関係が出来上がっていく。どちらも、社内の労使関係のあり方を問うているのですが、本章と前章では、まるで違う世界観が見て取れます。

第4講　共同決定というもう一つの産業民主主義

フリッツ・ナフタリ編、山田高生訳
『経済民主主義——本質・方途・目標』
御茶の水書房、一九八三年

【受講準備】

†労使関係のパラダイム・チェンジ

第3講では、アメリカではどのような形で労と使が向き合ったのか、が書かれました。それは、会社の中を「ジョブ」で仕切り、そのジョブの中において、労働者が使用者を排除する、という流れでした。その闘争手法は一貫して集合取引となっています。

ドイツでは、同じ社内の労使関係をまったく違うものにしています。外との関係では基礎的な労働条件は産業別組合が団交する形で決め、内には「共同決定」と「従業員代表制」という仕組みを作り上げました。労働者の代表が経営に関わる情報の提供を受け、経営の意思決定にも携わっていくという仕組みです。

集合取引は労働側と使用者との激しいぶつかり合いを前提としているのに対し、ドイツ型の共同決定システムは、労働者の経営への参加を目指したものであり、そこに大きな違いが見出されます。

社「外」の「戦い」から、社「内」の「共同」へという、二つの意味のパラダイム・チェンジがここで学ぶべきポイントです。

編者フリッツ・ナフタリ（一八八八―一九六一）はベルリンに生まれ、商業学校を卒業した後に新聞社に入り、ジャーナリストとして活躍します。二八歳のとき、ドイツ社会民主党に入党しています。同書の編集は全ドイツ労働総同盟（ADGB《アーデーゲーベー》）から委託されたものでした。

【本講】

†現代ドイツの労働システムの始祖

これまで労働問題の古典を紹介してきましたが、ウェッブ夫妻はイギリス、ゴンパーズとパールマンはアメリカと、いずれもアングロサクソン系で、そろそろ大陸ヨーロッパ系の古典が欲しいところです。というと、せっかちな人は、すわマルクスの登場か、と身構えるかもしれませんが、残念ながら違います。

いろいろ変遷はあるとはいえ、今日のイギリス労働組合会議（TUC）はウェッブ夫妻の嫡子ですし、アメリカの労働総同盟―産別会議（AFL-CIO）はゴンパーズの直系の子孫ですが、今日のドイツ労働総同盟（DGB《デーゲーベー》）はマルクス主義とは完全に絶縁しているからです。もちろん、労働問題の歴史を語る上でマルクスやマルクス主義は不可欠で、今日でも共産党系の労働運動は各地に残存していますが、現代ドイツの労働システムを理解するための古典としては使い物になりません。

そこで今回は、ワイマール共和政末期の一九二八年、全ドイツ労働総同盟（ADGB《アーデーゲーベー》）が刊行したフリッツ・ナフタリ編『経済民主主義』を取り上げます。

†ナフタリって何者?

はあ、ナフタリ? なんだその防虫剤みたいな奴は? と、反応する方が圧倒的大部分でしょうね。いやそれはナフタリン。残念ながら日本では、彼の名前はほとんど知られていません。

マルクスやラッサールと同じくユダヤ系ドイツ人の彼は、経済ジャーナリストとして活躍した後、社会民主党と全ドイツ労働総同盟(ADGB《アーデーゲーベー》)が一九二六年に共同で設立した経済政策研究所の所長となり、一九二八年全ドイツ労働総同盟(ADGB《アーデーゲーベー》)のハンブルク大会で「経済民主主義の実現」という基調報告を行い、同年『経済民主主義』を刊行しています。同書は全ドイツ労働総同盟(ADGB《アーデーゲーベー》)の委嘱による研究会の報告書で、ナフタリは座長として名を冠しているので、実際に各論を執筆したのは組合の事務局かもしれません。その意味では、むしろ当時のドイツ労働運動の主流の認識を端的に示した文書と見るべきでしょう。

歴史に詳しい方は、この一九二八年という年号を見て、それが世界恐慌の前年であり、そしてヒトラーが政権を掌握したのが五年後の一九三三年であったことを思い出すでしょう。そう、同書はわずか一〇年あまりの短いワイマール共和政の末期に打ち出され、まもなくナチスに踏みにじられた労働社会の構想です。

しかし、敗戦後西ドイツで再構築されたのはまさにこのナフタリの名による構想であり、以後七〇年にわたり、ヨーロッパ諸国に影響を及ぼしてきました。ある時期以降は、かつて威勢を振るったアングロサクソン系労働運動が青息吐息なのを尻目に、参加と共同決定を基軸とするドイツ型モデルがもてはやされたこともあります。もちろん、経済モデルの人気は移ろいやすいものですが、アングロサクソン型とともに東西の横綱格を維持し続けてきているのは、間違いなくこのナフタリの名を冠する経済民主主義でしょう。

ちなみに、中身に入る前に、ナフタリさんのその後のエピソードを。ユダヤ人の彼は一九三三年に亡命し、当時のパレスチナに移住し、ペレツ・ナフタリと改名しました。彼はそこでイスラエル労働組合（ヒスタドルート）の中央執行委員となり、独立運動に挺身《ていしん》し、戦後イスラエルの国家最高経済委員会議長、農林大臣、厚生大臣等を歴任し、一九六一年に亡くなっています。なので、中東情勢の専門家の方にはある程度名が知られているかもしれません。

†経済民主主義の源流

さて、「経済民主主義」という言葉はウェッブ夫妻の「産業民主制」という言葉とよく似ています。実際、同書の冒頭、「序論　経済民主主義の概念と本質」（というタイトルの付け方がいかにもドイツ風ですなあ）の最初の段落では、「経済民主主義とか、英語流で言えば産業民主主義という概念が三〇年以上も前に労働運動の思想界に入ってきた」と書かれています。しかしそれは何人もの手でドイツ風に作り込まれていきます。

一九世紀後半にはマルクス主義を掲げていたドイツ社会民主党のエドゥアルト・ベルンシュタインは、イギリスに亡命中にウェッブ夫妻らフェビアン協会の人々と知り合い、ドイツに戻って修正主義を唱えます。ある種の原理的共産主義者から蛇蝎《だかつ》の如《ごと》く糾弾されたあの「修正主義者」の源流です。もう一人、社民党系の自由労働組合のリーダーであったカール・レギーンも、使用者の「ヘル・イム・ハウゼ」（家長）的支配を終わらせ、労使同権を実現することを目指して活動していました。

彼らに絶好のチャンスを与えたのは第一次世界大戦です。反戦平和どころか、ストライキの放棄を含む戦争協力策（いわゆる「城内平和」）を打ち出すことと引き替えに、それまで弾圧の対象だった労働組合を国家の枢要の地位に引き上げることを求め、政府はこれを受け入れていきます。団結規制立法が完全に廃止されただけでなく、一九一六年の祖国労働奉仕法は、労働組合を使用者団体と同等の権限で公的委員会に関与させるとともに、五〇人以上の軍需関連産業で労働者委員会や職員委員会の設置を義務づけるなど、ワイマール型共同決定システムの先駆的な制度を勝ち取っています。

ドイツの敗戦に伴う混乱の中で、労働組合と使用者団体は中央労働共同体の協定（シュティンネス＝レギーン協定）を結び、労働組合と労働協約の承認、事業所委員会の設立、八時間労働制などを盛り込みます。これらは続々と法制化されていき、先進的なワイマール労働法制を形作ることになります。一九一九年のワイマール憲法は、団結権を認めるだけでなく、事業所レベル、地域レベル、全国レベルの労働者代表制を規定していましたし、一九二〇年の事業所委員会法は二〇人以上の事業所に委員会の設置を義務づけ、解雇について協議を受けたり、労働協約の実施を監視することとされました。

しかし一方、社民党政権は経済政策の失敗もあり勢力を失っていき、ナチスと共産党が勢力を拡大、ついにヒトラー政権の下で労働組合は弾圧、廃止され、指導者原理に基づくドイツ労働戦線に取って代わられることになります。繰り返しになりますが、同書が刊行されたのはその直前の時期であり、ようやく確立したワイマール型労働システムをいわばマニフェストとして明示した文書と言えましょう。

†労働関係の民主化

経済民主主義は企業、事業所レベルから産業、国家に至る非常に幅広いレベルの社会改造のプログラムですが、労働問題の観点から一番関心が高いのはなんと言っても「第三章　労働関係の民主化」で論じられる分野でしょう。とりわけその第三節で論じられる経営民主主義が中核になります。しかし、同書が力を入れて論じるのはむしろその前提となる「第一節　物権法から債務法を経て労働法へ」のところです。

物権法とは、労働する人間が労働させる人間の所有物（奴隷）ないし物的な権利の対象（農奴など）であった時代を指します。債務法とは、労働者が民法に基づき自由な労働契約の下で働く時代ですが、実際には生産手段を私有する雇主による社会的強制力の下にあり、経営の中では労働者は雇主の専制的支配の下に置かれました。「ヘル・イム・ハウゼ」（家長）という言葉は、前近代ではなくまさにこの近代的企業の姿を表す言葉でした。

これを転換させたのが労働者の特殊な社会的存在を法律的に認めさせる労働法規制です。そこには、安全衛生や賃金確保のような労働者保護、労災や疾病、失業や老齢のリスクから労働者を守る労働社会保険などがありますが、特に重要なのが労働者の共同決定権です。さあ、出ました。ドイツ労働社会のキーワード、「共同決定」です。その論ずるところを見ておきましょう。

「個々の労働者の存在は、集団的な生活条件と結びついている。この集団的生活条件とは、なによりもまず、彼が働いている経営の状態のことである。連結した作業方法は、多数の労働者がひとつの管理のもとに組織的に集中することを必要ならしめる。このような組織的集中は、経営のすべての従業員に共通な秩序が成立することによってのみ可能である。このような秩序は、すでに与えられた組織として個々の労働者と向かい合って存在している。さらに集団的生活条件とは、経営をこえて、および経営を通して作用する一般的な社会の状態のことである。……労働者は、個別的存在としては無抵抗であって、この活動の犠牲にさらされている。彼は、無力なるがゆえに、宿命的な社会的運命のようにこの活動の結果をうけ入れなければならない。

……労働の共同決定権は、その集団的生活条件が「自然法」によって動かし得ないものとして与えられたのではなく、形成可能なものであり、しかも労働者側でのその形成は、集団的意思の担い手によってのみ可能であるという考えに依拠している。……そのさいこの権利は、経営と職務における賃金・労働条件の規制と実施のさいの協力権によって保証さるべきであるというのが労働者階級の要求であった。……経営〔の従業員〕代表制と団結は集団的意思の担い手であり、経営協定と団体協約が集団的権利の主要な意思形態である」(165―168頁)。

いかにもドイツっぽい硬い文章ですが、アングロサクソン的な団結と団体交渉オンリーとは異なる労使関係観がにじみ出ていることが分かるでしょう。それは政治的民主主義とパラレルに経済民主主義を捉えることでもあります。

「民主主義の概念は、二重の意味を含んでいる。一つは自由であり、他は共同体である。政治的民主主義について考えてみよう。これは、一方では政治権力に対し自由権を要求するが、他方では個人の手から政治権力を奪いとり、それをすべての人が構成員として参加する公共組織に委ねることを要求する。個々人は、自由な、法的に承認された生活領域において政治的共同意思の形成に協力することになる。

経済的民主主義について語るときも、われわれはこれと同じ二つの基礎的力を念頭におかねばならない。一方で個々人は、経済的権力に対抗して自由を獲得しようと努めるが、他方で経済的権力は、私的個人にではなく経済の共同組織に帰属し、そこで活動する者はすべてその構成員としてこれに所属する。このような共同組織は、国家と同じではない。

……〔しかし〕本質的なことは、もはや私益のためにではなく公益のために、私的個人の名においてではなく個人より上位の全体の名において運営されるということであって、活動の成果は後者のものとなる。経済的民主主義の姿は、政治的民主主義の似姿であり、その化身にすぎない。労働者階級は、自由な、法的に承認された生活領域では経済的共同意思の形成に協力することになる。

……経済民主主義は、労働の自由権的発展が所有の共同権的発展と一致するとき、はじめて達成するのである」(173―174頁)。

ワイマール時代にはしかし達成できなかったこの企業の意思決定への参加は、第二次世界大戦後確立していきます。一九五二年の事業所組織法は監督役会の三分の一を従業員代表とし、一九七六年共同決定法は大企業の監督役会を労使同数としました。今日、欧州諸国の約半分で企業の重役会ないし監督役会への従業員代表を定めていますが、その原点がナフタリのこの本にあることは明らかでしょう。

†教育制度の民主化

同書は経済民主主義の具体策として、公営企業の拡大、消費協同組合の充実、労働組合の事業活動(労働銀行や建築職人組合による住宅供給)など広範な分野の提案を行っていますが、ここで注目しておきたいのは「第四章　教育制度の民主化」です。教育独占を粉砕し、労働者の子どもたちが下層の民衆のための宗教的教育や貧弱な実習補習教育ではなく、労働者のための教育を受けられるようにすることが目標です。進学率等の大きな違いを超えて、今日でも次の記述は読み返されてしかるべきものがあるように思います。

「小学校は最初の学校であり、しばしば労働者教育の唯一の養成所である。それゆえ最高の教育的要請は、労働者教育におかれねばならない。

……生徒の大多数は社会環境のなかから出てきて、卒業後はそこで職につくからである。小学校の教師は、このような社会環境について明確な像を持たねばならない。したがって彼らは、教員養成期間中にその時代の社会諸勢力の運動に精通していなければならない。……大抵の小学校の生徒は、卒業後直ちに実務的な職業につかねばならないので、教師は実習授業における観察を通じて、職業補導のさいに生徒の適性について非常に大切な説明をしてやることができる。とりわけ、実習授業が職業科の教師によって担当され、小学校の上級クラスについておそらく職業学校の学校工場や特別な実習工場で実施される場合には、そうである。

……職業学校は、国民の大部分に職業教育を施すばかりでなく、公民教育を伝える場所である。……職業学校は、いずれにせよ全教育制度の中核であるが、それはまさしく、ここで獲得される教育財は青年たちの大多数がのちに入っていく労働・経済生活から生ずるという理由があるからに他ならない。労働組合によって承認された社会民主党案が望んでいるように、青年たちは職業教育によって、職業のなかで国家のなかで社会のなかで仕事につくことができるように教育されるべきである」（202—208頁）。

今日、デュアル・システムの主体は高校や大学レベルに移っていますが、公民教育としての職業教育を何よりも重視するドイツの精神は脈々と受け継がれていることも確かです。

第5講 労使は経営共同体のパートナーシップ

ギード・フィッシャー、清水敏允訳
『労使共同経営』
ダイヤモンド社、一九六一年

【受講準備】

†労使双方の努力で構築

ドイツ型労使パートナーシャフトは、政治だけでなく、経済の領域においても民主的な運営手法を取るべき、という考え方から発しています。前講でナフタリが労働側の立場から、経済民主主義を説いたのは確かに合点がいくところです。

対して、本講で取り上げるフィッシャーは、経営学者として「経営」の立場からこの話を進めているところが特筆に値するでしょう。その背景には、営利主義や自由主義とは別の運動原理、第6講で示すカトリシズムの観点が間違いなく存在したと思われます。

本講のフィッシャーが唱えるパートナーシャフト経営は、日本には「信頼関係に基づく経営共同体」として紹介されました。一九六四年、経済同友会の会員を中心に日本パートナーシャフト協会が設立され、現在も活動を続けています。戦後の早い時期に、大手・中堅企業に広まったようですが、現在はその言葉も耳にしません。横断組合ではなく企業内組合である日本は、従業員代表制とそれが被るために、うまく機能しなかったのでしょう。

ギード・フィッシャー（一八九九―一九八三）はドイツの経営学者で、同書を著した時には、ミュンヘン大学教授でした。邦訳は、日本能率協会の招きで一九六一年に初来日したのを機に出版されました。

【本講】

†いわゆるライン型資本主義

第4講のナフタリの本がワイマール期の労働組合サイドの考え方を提示したものであるのに対し、今回のギード・フィッシャーはドイツ経営学の代表的な学者で、同書は「ドイツ的経営」の神髄をまとめた本として知られています。

えっ？　ドイツ的経営？　そう、日本が、毀誉褒貶《きよほうへん》はともかく「日本的経営」で特徴づけられるのと似て、ドイツの企業経営もアングロサクソン型の経営思想に対してドイツ的な経営思想で特徴づけられるのです。この点については、ミシェル・アルベール『資本主義対資本主義』（竹内書店新社）や有名どころではロナルド・ドーア『日本型資本主義と市場主義の衝突』（東洋経済新報社）などから、ライン型資本主義という言葉で知っている方も多いのではないかと思います。ただアルベールはフランス人だし、ドーアはイギリス人です。彼らがアングロサクソン型に比べて推奨するそのドイツ的経営を、ドイツ人自身が「こういう考え方なんだぜ」とまとめた本というのは、実はなかなか見つかりません。

今回のフィッシャーの本は、原著が一九五五年、邦訳が一九六一年（本稿での引用は一九六九年刊の新訳）と半世紀以上も昔の本ではありますが、それだけに純粋にドイツ的経営の神髄を打ち出しているところが見られます。第4講のナフタリと合わせて、ドイツの労働システムを労使両方の観点から眺める上でも、結構有用な本だと思います。

†経営パートナーシャフト――生活の安定

フィッシャー経営学の神髄を一言でいえば「経営パートナーシャフト」になります。パートナーシャフトはドイツ語で英語のパートナーシップに当たる言葉なので、つまり労使は経営のパートナーなんだよ、という意味ですね。冒頭にいきなり「経営パートナーシャフトの基礎となっている経営共同体の精神的きずなは、社会的有機体としての経営共同体、その集団のなかの個々人によって生み出され、支えられるものでなければならない」（43頁）という文章が書かれ、経営を共同体とみる日本的経営との共通性が窺われます。続いて、それに必要な経営環境として生活の安定とか公正賃金とかが出てきます。これらがどの程度まで日本的経営と共通なのかを、細かく見ていきましょう。

まず「生活の安定」です。「生活の安定ならびに経営体のなかでの個人の保障についての願いは、単にヨーロッパの政治的不安や私有財産を失ってしまった無産階級、中産階級の人たちの持つ不安から生まれたものではない。生活の安定は、すべての人々の基本的権利に属するもので、人は自分の生命を長期的視野に立ってのみ形成しうる」「経営者と従業員の共同体としてのすべての企業が、個人をも含めて経営共同体の枠の中でこの生活の安定を相当程度まで保証できるようにすべきである」（45―46頁）。ふむ、これは企業共同体による社員の生活の安定を強調する日本的経営の思想と見事にそっくりです。

しかもそのあと、「会社側、すなわち経営者は以上のごとく自社に従事する人々の生活の安定を単に物質的な面からのみ配慮するのではなく、精神的故郷の感情をも従業員のうちに呼びさまさなければならない」（47頁）と、精神的なつながりを強調します。

この精神的なつながりが「会社の当面の経営状態に見合って便宜的に絶えず解雇したり採用したりして従業員の数を調節することは、パートナーシャフト企業にとっては不可能」（47頁）であり、「「君の会社」は、経済的市場状態がなんとか許す限り、必要な生活の安定は約束されるのだという確証を与えるべき」（48頁）という雇用保障をもたらします。「だれもが他の人に対しては連帯責任を感じなければならない」（48頁）という表現も含めて、このあたりを読んでいると、数十年前に流行った日本的経営の本を再読している感もあります。

さらに「ところで、企業は、この絶対的生活安定という感覚をどんな工員や職員にも保障するということはできないであろう」（48頁）という文章に至って、現下の日本で大問題になっている非正規労働問題についてまで日本的経営と似た感覚があることが分かります。生活の安定が図られる「常用の本雇従業員と季節的な臨時雇いを区別しなければならない」（48頁）のですから。

†公正賃金

もう一つパートナーシャフトの観点から満たされるべき要請が「公正賃金」です。ドイツ的経営の「公正賃金」とはどのようなものなのでしょうか。それはまず何より「個人の能力と能率に応じて彼が投じた努力、ならびにそこから得られる能率を補償するという公正な能率給及び出来高給」（55頁）であり、「むしろ出来高標準の決定が個人の関心に相応するという保証が、労働者のひとりひとりに与えられていなければならない」（56頁）と、個人別能率給が望ましいとしています。このあたりは生活の安定を最重要視する日本的経営と微妙に違うところです。

もっとも、上であれだけ唱えた生活の安定も重要な賃金論の要素です。公正賃金は、家族をもった労働者や職員が人並みの生活を送れるようにそれ相応の収入を要求するのです。もし、妻子を養えないほど低いところに給与が設定されている場合には、国家や国民にとって、さらには産業界や企業にとって不可欠の健全な家庭生活が土台からゆらぐことになるのですから、本来は、不可欠の賃金公正を家族手当（家族給）の支払いという方法によって貫く努力を個々の企業がしなければならないのですが、残念ながら、若干の企業だけが独自にこれを実施しているという状態なので、恐らくフィッシャーとしては次善の策という意味で書いているのだと思います。したがって、「産業界のためには職業別ないしは地域別の協力による補償金庫を設ける必要がある。この金庫の援助を得ることによって家族手当が個々の企業の原価状態とは無関係に共同体の基盤に立って負担される」ということになります（58頁）。

つまり、日本の賃金慣行の基軸をなす家族給の発想は実は原理的に否定されていません。それどころかむしろ本来は望ましいものとされながら、ドイツの現実がとてもそれには届かないので、仕方なく公的な家族手当でそれを補って公正賃金を達成するというわけです。これも、日本の賃金の歴史を考え合わせると、いろいろと複雑な思いを醸し出します。

†共同体のメンバーとしての従業員

さて、経営パートナーシャフトということで従業員も企業のパートナーということになると、賃金と引き替えに単なる労務を提供する労働者を超えた責務を負うことになるのでしょうか。まさにその通り。同書で「協働者に課せられた要件」として並んでいる四要件を読むと、共同体のメンバーとしての責任が強く期待されていることがわかります（63―64頁）。

「（1）従業員はすべて、自己の最大の労働能率を経営共同体のために発揮しなければならない。単に量的・質的な物質的形態の面においてではなく、労働意欲と労働の喜びという思想的・精神的な形成の面においてもそうでなければならない。

（2）すべての個人は、自己の労働能率に対してだけではなく、協働者への人間関係に対しても、ひいては全体の経営共同体に対しても、個人としての責任を感じなければならないし、また、個人としての責任を負う用意が必要である。

（3）したがって、従業員ひとりひとりが自己の専門的・性格的特性の最高のものを経営活動のなかに投入し、さらに、いかなるときにもこれらの特性を十分に発揮する用意がなければならない。この点について会社側は、従業員のひとりひとりを人間性の陶冶《とうや》というプログラムの中で援助する必要がある。

（4）従業員同士の関係や、上役と部下の関係は、真の仲間意識から生まれるものでなければならない」

これはまた、日本的経営の教科書にそのまま登場してもほとんど違和感のない言葉です。繰り返し「労働能率」が強調されていますが、能率を高めるために必要なのは尻を叩くことではなく、「社内の信頼の一致」であり、「経営全体への関心」であるというのも、職場レベルでの積極的な参加という意味で、日本的経営における小集団活動や自主管理活動と通じるものが感じられます。

なにしろ、「パートナーシャフト企業では、経営者とその従業員がひとりひとりの仲間のなかから、従来の控えめな意見や仕事の仕方を捨てさせ、真に個人の作業能率を進んで投入するようになるように仕向けていかなければならない」(67頁)と言うのですから。

この作業能率への意欲を強化するために重要な役割を果たすのが、従業員代表、経営協議会、職場代表といった仕組みだというところで、ようやくドイツ型労働法制と話がつながってきます。

労働者には「彼の仕事を遂行するのに、この責任そのものを引き受ける用意がなければならない」のですが、そのためには「各人が彼個人の責任領域を認め、それを全体の経営組織ならびに経営の職能の中に組み入れる必要」があり、それは「会社側から従業員に対して、その経営体の意義や使命、ならびに個々の受注について、あるいは、経済状態、産業界の経営状態などについて、さらには、環境の変化に伴って、財政的・収益的・資産的に、まったくか、あるいは詳細には報告されていないときには、不可能である」からです。

「これが達成されてはじめて、両方のパートナーの実際面の利害の一致を合わせうる」という表現には、ドイツの共同決定法制こそが経営パートナーシャフトを支える基盤であるという認識が垣間見えます（70頁）。

「経営者のサイドでも、その経営の処置と根拠については、腹蔵のない了解をする心の用意のあることが示されるときには、どんな場合も従業員の協力についての信頼のある意欲が求められる」（71頁）というわけです。

†組織原則の違い

こうした経営パートナーシャフトを実現するためには、どのような経営組織を構築すべきでしょうか。

フィッシャーは「パートナーシャフト企業にとっては、明確な権限の境界設定が絶対に必要」（86頁）と述べて職務評価について詳しく論じており、職務無限定かつ不明確な日本とはかなり対照的です。「経営パートナーシャフトの精神的基礎は、会社が、いたるところで効果を発揮する明確に規定された職務、ならびに、権限範囲の組織的処置のなかで、前述の前提を満たしたときに初めて確固としたものとなる」（88頁）とまで言っており、典型的なジョブ型社会の思想が出ています。それと経営共同体の思想とはどうつながるのか、日本人として興味が惹かれるところです。

その答えが「グループ編成」です。「各人のもつ個人の職務範囲を大きな共同体ではなく、隣人との共同体の中に正しく秩序づけることによって」「多数の中の孤独の人」（89頁）となる危険を除去することができるというのです。さらに、「同僚のための時間」、つまり「人間の取扱いに骨を折る時間」（95頁）が必要だというのも、ジョブ型組織と人間の共同体とを接合させようとする努力を示しているようです。

こうしたことから、フィッシャーは話し合いグループ、懸賞、そしてパートナーシャフト契約、経営パートナーシャフト委員会といったさまざまなパートナーシャフト機関を設けていくことを求め、さらに具体的な施策として成果配分や実体資産配分といった経済的利益に関わる問題を論じていきます。日本がドイツから輸入した従業員の財産形成という思想の源流も、やはりここにありそうです。

†フィッシャー経営学とカトリシズム

こうしたフィッシャーの思想をマクロ政治的に位置づけると、社会民主党と交代で戦後ドイツ政治を担ってきたキリスト教民主／社会同盟（CDU《ツエーデーウー》／CSU《ツエーエスウー》）の思想的基盤であるカトリシズムに根ざすものであることが分かります。

戦後すぐの一九四八年にマインツで、翌一九四九年にボーフムでカトリック会議が開かれ、そこでフィッシャーは新しい社会的経営体制について報告しています。当時、労働組合は経済民主主義の柱として経営における共同決定を要求していました。第4講のナフタリの思想の延長線上ですね。それを否定するのではなく、むしろカトリック思想に包み込む形で理論形成したのがフィッシャー経営学というわけです。

フィッシャー報告に基づくボーフム会議の決議は、「社会的・人事的・経済的問題における共同決定権はすべての協働者に対して承認される。共同決定権は、神の望まれる秩序における自然権に属し、所有権と同じく肯定さるべきものである」と述べています。

日本では社会民主主義やとりわけマルクス主義系の政治文書は山のように紹介されているわりに、それと並ぶ重要性を持つキリスト教民主主義の政治文書はほとんど紹介されていないという状況ですが、労働問題と経営問題は裏腹であることを考えると、この欠落には問題があるのではないでしょうか。

労働問題とカトリシズムというテーマはあまりにも重要なので、次講に譲りますが、たとえばEU統合を進めたフランスの政治家、ジャック・ドロールがキリスト教労組（CF《セーエフ》TC《テーセー》）出身であったことなどもどこかでヒントになる可能性があります。

第6講 カトリックの労働思想

W・E・フォン・ケテラー、桜井健吾訳・解説
『労働者問題とキリスト教』
晃洋書房、二〇〇四年

【受講準備】

†社会問題に切り込んだ聖職者

「労働と経営」のあり方は紆余曲折を経ながら、今日に至っています。西欧では、過度な自由主義を排し、かといってマルキシズムにも拠らず、うまく今日の形に落ち着きました。

　第1講で見たように、労働者には一方では集合取引という強力な交渉術が浸透し、その後、労働者自身が経営の意思決定に関わる共同決定という仕組みがはぐくまれていきます。その間には、偶然や幸運もあるでしょうが、それが導かれるかの如く、絶妙な形に集約していくには、何かしらの引力が必要だったはずです。それこそが、カトリシズムです。カトリシズムは欧米の思想全般の基底という意味で、労働思想にもつながります。

同書は一八六四年に原著が発行されています。著者ケテラー（一八一一―七七）は「労働者の司教」と呼ばれたドイツのカトリック聖職者で、長くマインツ司教でした。

司教といえば、堅物というイメージですが、ケテラーは違いました。さまざまな社会問題に対し、明快で平易な力強い言葉で切り込み、「生まれながらのジャーナリスト」とも呼ばれていました。彼が亡くなった時、真っ向から対立し仇敵《きゅうてき》だった『フランクフルト新聞』がこう記しているほどです。「そのような洞察力と行動力をそなえた教会の高位聖職者は、ドイツには今まで存在しなかった」と。

【本講】

†キリスト教と労働問題

ヨーロッパにおけるキリスト教、とりわけカトリックは極めて大きな社会的存在であるにもかかわらず、これまで日本の社会科学では不当に軽視されてきました。自由市場主義の資本家陣営と社会主義の労働者陣営の対立図式ですべてを割り切る発想が強かったためです。

この傾向に疑問を呈する動きは政治学でようやく最近始まりました。二〇〇八年に刊行された田口晃《たぐちあきら》・土倉莞爾《とくらかんじ》編著『キリスト教民主主義と西ヨーロッパ政治』（木鐸社）は、ヨーロッパのキリスト教民主主義の歴史を概観したあと、フランス、ドイツ、イタリア、オランダ、オーストリア、ベルギーといった諸国のキリスト教民主主義を詳述しています。

実は、キリスト教が大きな存在であるという点では労働問題、経営問題も同じです。そのうち経営学では第5講で取り上げたフィッシャー経営学のように若干の紹介もありますが、労働関係では見事に無視されています。日本で労働問題に関心を持つような人々にとって、キリスト教なんて真面目に研究する対象とは思われてこなかったのでしょう。

しかし、そういう偏見をひっくり返す経験を私はベルギー勤務時代にしました。ベルギーの労働組合は組織率も高く強力で、よくストライキやデモをするのですが、そのデモの先頭には赤い旗とともにそれ以上に多くの緑色の旗がはためいていたのです。なんだ、この緑の旗は？　イスラム教か？　まさか。緑の党か？　いえいえ違います。緑の旗を先頭に行進するのは、ベルギー最大のキリスト教労組（CSC《セーエスセー》）のデモ隊だったのです。ベルギーでは社会党系労組（FGTB《エフジェーテーベー》）よりもカトリック労組の方が多数派で、活動的でした。

フランスでは長らく共産党系の労働総同盟（CGT《セージェーテー》）が多数派でしたが、最近民主労組（CFDT《セーエフデーテー》）に追い抜かれたようです。このCFDTはもともとキリスト教労組（CFT《セーエフテー》C《セー》）だったのが宗教色をなくしたもので、それとは別にキリスト教労組が少数派として残存しています。イタリアでもキリスト教労組が有力な少数派として存在しています。ドイツでは戦前、社会民主党系とキリスト教系に分かれていた労組が戦後統一してドイツ労働総同盟（DGB《デーゲーベー》）になりましたが、その流れはなお脈々と続いています。

†カール・マルクスの商売敵

こうしたキリスト教系の労働思想をどの本で代表させたらよいのかなかなか悩ましいところですが、手に入りやすい翻訳があることを考えると、二〇〇四年に刊行されたW・

E・フォン・ケテラー『労働者問題とキリスト教』がよいでしょう。彼は一九世紀に労働者の貧困問題の解決に努力したカトリック司祭ですが、同時代を生きたカール・マルクスのこの評言がその存在感をよく示しています。

「このベルギー旅行、アーヘン滞在、ライン遡行《そこう》のなか、僕が確信したのは、特にカトリック地域の坊主どもを徹底してやっつけなければならないということだ。……こいつら(例えば、マインツ司祭ケテラー、デュッセルドルフ大会での坊主ども)は都合がよいと思われると、労働者問題に色目を使っている」。

マルクスの敵は資本家陣営だけではなく、同じ労働者陣営の支持者マーケットを取り合う商売敵であるカトリックでもあったわけです。

一九世紀半ばの労働者の状態は、ケテラーに言わせれば労働は完全に商品となってしまっていました。その結果、「雇主は世界市場に向かって、最低賃金で働く意思があるのは誰だ、と尋ねる。労働者は、自己の困窮状態に応じて最低賃金を申し出る。このように、商品の場合と同様、人間という商品がその生産費〔生活費〕以下で叩き売られる、といった悲惨な光景があちこちで見られる。端的に言えば、貧困のどん底にある労働者は、自分と家族を養うための十分な賃金すら貰えない、ということである」「そうすれば、どの労働者も、その労働者の家族も、徐々にやせ衰えていき、遂には飢えて死ぬ」(16—17頁)

のです。

この描写は、同時代のライバル、マルクスの盟友エンゲルスがイギリスを舞台に描いた『イングランドにおける労働者階級の状態』とほぼ同じです。やや異なるのは、それをもたらしたものをむしろイデオロギー的に描き出していることです。いわく「これが、私ども自由主義ヨーロッパの奴隷市場、ヒューマニズム、啓蒙主義、反キリスト教の自由主義とフリーメイソン、これらのものが自分たちの設計図どおりに造り上げたヨーロッパの奴隷市場である」（18頁）。そう、ケテラーの論敵は何よりもまず自由主義者たちなのです。

彼は労働者の悲惨な状態を生み出した二大原因として、自由競争と労働に対する資本の優位を挙げます。無制限で全面的な営業の自由が労働者間の熾烈な競争を煽り立て、労働者を窮乏化させるのだと言い、自由主義政党をこう皮肉ります。「どちらの政党も、次のような人に似ている。この人は、自分の友人を川の中に放り込む。そうして川辺に立ち、この溺死《できし》しようとしている友人をどうすれば救済できるか、ありとあらゆる理論を考案する。そうして、この有益な思索に対し、ヒューマニズムと感動的友情の称号が与えられ称賛されるべきだという。しかし、友人を溺死の危機に追い込んだ張本人こそ自分ではないか、と反省しようとしない」（21頁）と。

†新たなギルドの模索

彼が自由競争を是正する原理として持ち出すのは中世以来のツンフト強制（同業組合に加入しないものに対する営業権の拒否）です。いわゆるギルドですね。そんなことを言い出せば自由主義者から猛反発が来ることは承知しています。なので「だからといって、衰退期のツンフト強制を何としても弁護しよう、というのではない」と言い訳もしています。

しかし、自由だからよい、強制だから悪いというわけではありません。彼のツンフト強制に関する議論は大変興味深いので、やや長いですが、引用したいと思います。

「ツンフト強制は自由の制限、営業の自由の制限である。それ故、ある点で、ツンフト強制は権威を代表する。権威は、自由の乱用を防止し、阻止する。ツンフト強制の理念は労働者の保護にあった。それは、いわば労働者と一般社会との一種の契約である。その契約に従って、労働者は必要な労働を提供する。それに対し、社会は、競争の制限によって、労働者の生活の安定に必要とされる賃金を保障する。こうして、労働者は日々の変動から保護される。自分の労働を他人に提供し、その対価として受け取る賃金で自分の生活を支える労働者、この労働者が、ある程度安心して生活できる基盤を確立し、競争のため生活が破壊されないように保護されること、それは労働者の道徳的な権利である。……

豊かな資本家には潤沢な資金がある。それが会社を保護する鉄壁の砦となっている。それを隠して主張される商業の自由は、一種の偽装である。ところが、労働者は保護されるべきではないという。だから、ツンフト営業は糾弾される。とはいえ、ツンフト強制のあり方に欠陥がなかったと私は言いたいのではない。権威は乱用されてきた。しかし、だからといって権威そのものが否定されるべきだということにはならない。権威と同じく、ツンフト強制も時代の変化に適用しようとしなかった。ひどい乱用もあった。怠惰に流れ、エゴイズムの塊と化したこともあった。商品に不当な高値をつけたこともあり、欠陥商品によって消費者の権利を侵害したこともあった。だから、ツンフト強制には改革が必要であった。しかし、それにもかかわらず、ツンフトの理念は正しかった。それ故、ツンフトは保持されるべきであった」（23—24頁）。

ここに打ち出されているのは、中世のギルドを一つの理想像とする保守主義であることは間違いありません。しかし、中世に戻ればよいという単純な反動的議論でないことも読めばわかるとおりです。中世のギルドにインスパイアされつつも、資本主義という新たな時代に適合した新たなギルドを再建できないか、という思想がここに垣間見えているといえるでしょう。

†職人組合と生産協同組合

ケテラーが「労働者を支援する真の実践的方法」として掲げるのは、労働不能の労働者の支援、キリスト教家庭、キリスト教教育、団体結成、生産協同組合の五つです。強固な家庭の絆とか純潔の倫理とか節約の倫理とか、マルクスやエンゲルスに言わせれば、労働者問題に色目を使う坊主どものたわごとと切って捨てるような項目もありますが、後世につながっていくのは労働者の社会的結束、つまり「団体結成」でしょう。

当時、労働者が自ら団体を結成する運動は「キリスト教に冷ややかな態度をとる人々によって始められ、推進されて」いました。しかしだからといってこの運動を敵視すべきではなく、「結社運動を推進している人々が、そこに神の意志を認めず、また団体を悪用しているとしても、団体結社は本質的にキリスト教的である」と断言するのです(99頁)。なぜなら「キリスト教には、労働者を教育する偉大な心理、労働者の個人性と人格性の原理が存在する」(100頁)からです。

そしてケテラーが一番期待を寄せるのは「職人組合」運動です。この職人運動こそ、労働者問題を解決するため、カトリック教徒が最も得意とする分野であると宣揚し、「この職人組合がさらに拡大し、全ドイツの職人を結集するようになれば、どれほど素晴らしいことであろうか」とまで言っています（104頁）。

もう一つケテラーがキリスト教にしか可能でないやり方だというのが「生産共同組合」です。彼によればその本質は、企業経営そのものへの労働者の参加であり、「労働者が企業家ともなり、それによって、労賃と会社利潤の分配、この二種類の収入を取得」することができるのです（104頁）。当時これはまだまだ願望でしかありませんでした。同書は「だからこそ、神の名において、キリスト教精神を土台とした実り豊かな生産協同組合の理念と取り組み、労働者の救済を実現する、そのように神の恩寵は人々を目覚めさせて欲しい」（109頁）と訴えていました。

†カトリシズムというモノサシ

それから一世紀以上経った今日でも、カトリックは労働問題、社会問題に強い関心を持ち、指針を示し続けています。一九八七年に刊行されたオスヴァルト・フォン・ネル・ブロイニング『正義と自由――カトリック社会要論』（上智社会事業団出版部）は、広く社会各分野にわたるカトリシズムの見解をまとめていますが、そこでは、企業のあり方について、

1　資本家が企業を組織し、労働者を雇う。資本主義モデル

2　労働者が企業を組織し、資本を雇う。労働主義的モデル
3　資本家と労働者が共同で組織し、首尾一貫して共同で経営を行う。あるいは企業のなかで両者に共通して責任のある経営を求める。労使のパートナーシップ、ないし協同的なモデル

の三つを示しました。ケテラーが期待した2の労働主義的モデル（生産共同組合）の失敗を踏まえて、3の労使のパートナーシップないし協同的モデルを称揚します。そう、戦後ドイツの労働システムの特徴となったいわゆる共同決定システムとは、資本と労働の対決ではなく、その協同をめざしたカトリシズムの思想的影響の下に構築されたものでもあるのです。

第5講の最後に触れましたが、戦後一九四九年にボーフムで開かれたカトリック会議において、次のような宣言が採択されたのです。

「すべての国民経済的・経営経済的考察の中心には人間が立っている。従来の経済法はあまりにも事物に偏って人間を等閑視してきた。それに代わって人間の権利と義務を前面に出した経済法が登場しなければならない。

カトリック労働者とカトリック企業者は、社会的・人事的・経済的問題に関するすべての労働者の共同決定権は、神の望まれる秩序に合致した自然権であり、それには共同責任

が伴っていることを、ここに一致して確認する。われわれは、その法制化を要求する。進歩的経営を模範にして直ちにあらゆるところでその実現が着手さるべきである。

あらゆる人々の共同決定権によって経営の共通の利益が促進されるのは、共通の給付を通じて結びついた人々が、職分的・給付共同体的秩序において、その共通の事柄を自己責任的に管理することが人間社会の本質にかなっているからにほかならない」

これが一九五一年の共同決定法や一九五二年の経営組織法の成立に大きな影響を与えたことは間違いありません。このカトリックの共同決定思想を、上記ネル・ブロイニングはこう説明しています。資本を提供する者も、またトップマネジメントにおいてであれ、現場においてであれ企業に奉仕する者も、すべて「神の姿にかたどって造られた自由で独立した人間」であるから、それぞれ寄与するところに応じて、企業における「社会的相互協働」を組織して、その形態と方向を決定していくことに参加するのは当然である、と。

第5講でフィッシャー経営学に即して述べたように、ドイツに典型的に見られる経営パートナーシャフトの思想は、戦後日本で確立したメンバーシップ型の企業共同体思想と大変通じるものが感じられます。しかし、それを生み出し進めてきたものは、日本にはまったく対応するもののないカトリシズムという宗教的存在であったという点が、日本との比較においてもっとも興味深いところでもあります。このため、マルクス主義や社会民主主義の眼鏡でのみ労働問題を考えがちなこれまでの労働研究者たちだけではなく、日本型雇用システムの実態に即してものごとを考えてきた人々の目にも、カトリシズムという大きなファクターはほとんど目に入ってこなかったようです。

冒頭述べたように、カトリシズムというファクターへの着目は政治学においてもようやくごく最近始まったばかりですが、労働問題でも、あるいはむしろ労働問題においてこそ、ヨーロッパの現実を考えるモノサシとして不可欠なものとして研究される必要があるように思います。

復習ノート2　ドイツ型労働システムの根幹

「労使パートナーシップ」を、労使双方の努力で構築していったのがドイツでした。この第二章では、第4講で労働側からナフタリの『経済民主主義』、第5講で経営側からフィッシャーの『労使共同経営』、そしてその背景となるカトリシズムの観点から第6講ではケテラーの『労働者問題とキリスト教』を取り上げました。

このドイツ型労使パートナーシップは、企業内の労使協調という点で日本的なメンバーシップと共通するところもありますが、企業内と企業を超えたレベルの両方で労働者の参加――経済民主主義を達成しようとする点に大きな違いがあります。これをよく示しているのが戦間期に全ドイツ労働総同盟（ADGB《アーデーゲーベー》）の委嘱による報告書として刊行されたナフタリ『経済民主主義』です。ナフタリがキーワードとして示すのが「共同決定」であり、アングロサクソン的な団結と団体交渉オンリーではなく、政治的民主主義とパラレルに経済民主主義を捉えようとするものです。

実はドイツの社会民主党はもともとマルクス主義政党として出発したのですが、一九世紀末にはウェッブ夫妻の影響を受けたベルンシュタインらが修正主義を唱え、第一次世界大戦中の「城内平和」を経て、大戦後労使全国団体間でシュティンネス・レギーン協定を締結し、先進的なワイマール労働法制を作り上げていきます。それは、産業レベルにおける団体交渉と労働協約のシステムとともに、企業内に事業所委員会を設置し、一定の労使協議を義務づけるものでした。この二元的システム（デュアル・チャンネル）は、ナチス時代の破壊をくぐり抜けて第二次世界大戦後に復活拡大し、今日までドイツ型労働システムの根幹となっています。

しかし、企業内の労使共同決定というのは、企業外のトレード・ユニオンとの「集合取引」とはまったく異なり、企業経営自体に対する侵害ともいえます。経営者がそれを容認するためには、経営者と労働者を共に共同体のメンバーととらえるような発想が必要です。それを描き出しているのが、経営学者ギード・フィッシャーの『労使共同経営』です。そこでは「経営パートナーシャフト」がキーワードとされ、企業は従業員の生活安定を目指し、従業員も共同体のメンバーとして労働能率を高める。そのために重要なのが経営協議会を通じた経営参加だと説くのです。

こうした発想の背景にあるのが西ヨーロッパの文化基盤であるカトリシズムです。ドイツに限らず、西欧のキリスト教民主主義の社会政策に対する影響はこれまで過小評価されてきましたが、近年政治学方面で注目が高まってきています。『労働者問題とキリスト教』

の著者フォン・ケテラーは、一九世紀に労働者の貧困問題に取り組んだカトリック司祭で、やや時代が古いのですが、当時労働者の悲惨な状況を生み出していた自由競争を是正する原理として彼が掲げるのが、中世のギルドを理想とする職人組合、生産共同組合です。同時代を生きたマルクスは、「労働者問題に色目を使っている」「坊主どもを徹底してやっつけなければならない」と非難していましたが、つまり同じ労働者陣営の支持者マーケットを取り合う商売敵だったわけです。この伝統が第二次大戦後の一九四九年に開かれたボーフムのカトリック会議での宣言につながり、さらに一九五一年の共同決定法や一九五二年の経営組織法につながっていくのですから、その重要性はいくら強調しても足りません。

ドイツは今日に至るまでアメリカやイギリスのようなノンユニオン型にはなっていません。その理由はやはり二元的システム、つまり産業別組合との労働協約システムと企業内の従業員代表制とのデュアル・チャンネルがしっかりと支えあっているからでしょう。

かつて一九二〇年代のアメリカでは、ウェルフェア・キャピタリズムという名のもとに、反組合型の従業員代表制が普及したのですが、ニューディール労働政策は、内部労働市場型でありながら従業員代表制を会社組合として否定する敵対的労使関係を規範化してしまいました。協調的労使関係を許さないジョブ・コントロール・ユニオニズムを嫌う企業は、ノンユニオン化の道を選ぶことにならざるを得ません。ところがドイツでは、企業レベルの（労働組合ではない）従業員代表とのパートナーシップが確立し、これが企業を超えた産業別労使関係における賃金・労働時間等をめぐる集合取引と併存することによって、かえって労働組合の存在余地を確保しているように見えます。

第三章

パートナーシップなき企業内労使関係の苦悩

労働側から見た使用者像を振り返ると、第一章と第二章では大きな違いがあることに気づきます。第一章で扱った集合取引は、「労働者が使用者と戦うためのツール」、第二章のメインテーマの一つであった共同経営は、「労働者と経営が文字通り共同するための仕組み」。つまり、労働者の戦い相手だった使用者が、共同相手へと変化しているのです。

こうして社外では団体交渉を、社内では労使協議を行い、一方では利害をすり合わせながら、他方では共同するという均衡が保たれる仕組みができました。これらがうまく揃った欧州大陸国に対して、英米は集合取引の一本足打法で通します。その無理がどのような影響を及ぼしたかをみてみましょう。

第7講　労使パートナーシップへの淡い夢

G・D・H・コール、和田耕作訳
『労働者——その新しい地位と役割』
紀伊國屋書店、一九五七年

【受講準備】

†イギリスの消耗

一九五〇年代初頭、欧州大陸では共同経営が根付き始めたころに、イギリスでは対照的に労働運動がカオスに陥っていました。第8講のフランダースの時代（一九七〇年前後）になるとカオスは破綻へと突き進みます。その前段で、イギリスでもドイツ発の共同経営を取り入れられないかと、憧憬《しょうけい》と焦燥《しょうそう》を募らせたのがこの書と言えそうです。

当時は、サービス職やホワイトカラー人口が著しく増加した時期であり、製造業ではオートメーション化が進んだ時期でもありました。こうした産業構造の変化により、技能工がその熟練を高く売る仕組みとして発展したトレードという労使関係のキーが、昔ほど力を発揮できないものになっていたのです。

一方で、社内の労働者と使用者に目を移しても、ドイツには共同決定システム、アメリカならジョブ・コントロールという新たな仕組みが生まれていたのに対して、イギリスにはどちらも確立されていません。こうしたカオス状態をどう解決するか、という試案を示したのが同書となります。

著者のコール（一八八九―一九五九）は、ギルド社会主義理論を唱えた政治・経済学者ですが、「象牙《ぞうげ》の塔」の住人ではなくバリバリの活動家でした。二〇歳にして独立労働党と、社会主義団体であるフェビアン協会に加入し、オックスフォード大学在学中は同大学の社会主義連盟議長となります。スペイン内乱では人民政府を支持して国内でも同様の人民戦線結成に奔走、労働党の顧問や政策立案者としても活動しました。

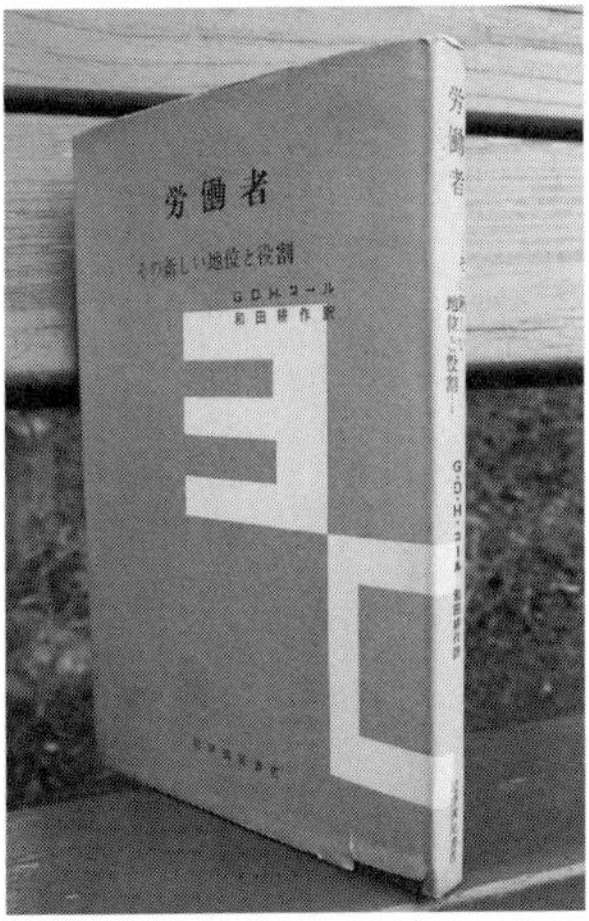

【本講】

†今こそ読み返すべき還暦本

イギリスは労使関係の祖国であるにもかかわらず、ここまで第1講でウェッブ夫妻『産業民主制論』を取り上げて以降おいてけぼりにしてしまいました。この間、アメリカの『サミュエル・ゴンパーズ自伝』（第2講）とパールマン『労働運動の理論』（第3講）が第一章、第二章はドイツから、ナフタリ編『経済民主主義』（第4講）、フィッシャー『労使共同経営』（第5講）、ケテラー『労働者問題とキリスト教』（第6講）と、アメリカとドイツの労働思想を見てきました。

戦後日本の労働研究者は、ある時期まで競ってイギリス労使関係論を研究していたことを考えるとやや不釣り合いにも感じられますが、それには理由があります。伝統的なイギリス労使関係は一九八〇年代から九〇年代にかけてのマーガレット・サッチャー、ジョン・メージャー両政権時代に大きく変化し、かつての古典が今や今日の姿を生き生きと説明することのない歴史文献と化してしまっているからです。

そのかなり前の段階でイギリス労使関係のあり方を別の方向に大きく転換すべきだと論

じていたのが今回取り上げるG・D・H・コール（正確には、ジョージ・ダグラス・ハワード・コール）です。

しかし、世間一般にはコールはウェッブ夫妻の単なる後継者と見られています。実を言うと、日本語に訳された本の数ではコールは他の著者を圧倒しています。ウェッブ夫妻の『労働組合運動の歴史（上・下）』（日本労働協会）に並ぶイギリス労働史の通史として有名な『イギリス労働運動史（1・2・3）』（岩波書店）をはじめ、『労働組合入門（上・下）』（有斐閣）、『社会主義経済学』（岩波書店）、『社会主義とファシズム』（ダイヤモンド社）など二〇冊以上に上ります。その中では、今回の『労働者』は薄くて地味な本で、それほど話題にもなりませんでした。しかし、その後イギリスを襲った大変動を考えると、刊行から六〇年以上経った今こそ、読み返すにふさわしい内容に満ちています。

†企業内部での経営参加を志向

さてこの本、邦題は『労働者——その新しい地位と役割』とやや地味ですが、原題は“The case for industrial partnership”（『労使パートナーシップの論拠』）です。

おや？　なんかドイツで聞いたような言葉ですね。

そう、同書は労使の利害対立を前提に「集合取引」を中心に組み立てられたイギリス労使関係に、ドイツ的な、あるいはむしろ日本的な、とすら呼びうるような「パートナーシップ」の思想を持ち込もうとした野心的な本だったのです。邦訳では原著の「パートナー」を「共働者」と訳しており、間違いではないのですが、ドイツ型パートナーシャフトとの連続性を示すために、以下すべて「パートナー」のルビをつけたいと思います。

まず序論で、コールはイギリス労働者をこう描き出します。

「労働者は職制上非常に高い地位を占めていないかぎり、長年の間誠実に働いてきた場合でも、その仕事に見合うなんらかの財産権を持つものとして認められなかったし、現在でもそうである。産業は使用人としてそこで働く人びとのものではなくて、それに投資した資本の所有者の財産なのである」（7頁）。これに対し、「労働者が雇われている産業や事業で共働者《パートナー》の地位を保持すること、そして転職の場合でも、どこかほかの職場で同等の地位を得られるようになるまで、共働者《パートナー》の地位を保持する権利を持つことが認められるようになってはじめて、この劣等な状態から脱することができる」（8頁）。

そう、コールは単に福祉国家によって経済的平等を実現することではなく、「社会的地位の相違をなくすこと」を目指すべきだというのです。

彼はウェッブ夫妻の本の題名でもある「産業民主主義」という言葉を、政治的民主主義とパラレルな仕組みとして再構築しようとします。「どんな場合でも、雇われた労働者は、彼等の利益に重大な影響を持つことでも、またそれが職を失うような事態をひき起こすことであっても、その事業の管理統制の体系には絶対に干与《かんよ》できない。彼等は自分たちが働いている企業の共働者《パートナー》ではなくて、単なる「働き手」であり、もし会社が彼等の労働を必要としなくなるといつでも解雇されるものなのである。このような状態は確かに間違っている」(15頁)。

ウェッブ夫妻にとっては「職業組合」(トレード・ユニオン)の「集合取引」(コレクティブ・バーゲニング)こそが産業民主主義でしたが、コールの視点は異なります。「労働組合の団体交渉は、基準賃金率、労働時間、その他雇用条件を取扱うのにはもっともよい方法であるが、特殊な職場に起こる、また個々の労働者に直接関係のある特殊な問題をうまく処理できるとはいえない」(16頁)からです。「労働者がもっとも関心を持っているのは、自分が雇われている特定の企業でなにが行われているかということである。そのため、産業管理への参加をもっとも必要とするのは個々の職場」であることから、「産業民主主義はなによりもまず個々の職場や労働者が作っている労働グループの些細な事柄にその着手すべき第一歩がある」のです(21―22頁)。

企業を超えた団体交渉よりも企業内部での経営参加を志向するコールの発想はドイツ型、あるいはむしろ日本型に近い印象を与えます。解雇への態度もそれを裏書きします。「まず労働者は、彼自身に当然解雇の理由となるような、なんの落度もない場合には決して解雇されない。次に、解雇される場合には、彼の能力にぴったりするような他の企業での共働者《パートナー》の地位をかならず保証される。移るのに適当な企業がみつからない場合は、今までの企業が自身の負担で彼の地位を保障し、しばらくの間、別の新しい仕事に適するような訓練を受けられるようにする」(24―25頁)。

もっとも、職務意識の強いイギリス社会ですから、日本的な感覚とは若干違います。「労働者が保障されなければならない点は、特殊な仕事や企業で永続的に雇用されること」ではありません。とはいえ、「保障さるべきことは、彼自身の過失による場合のほかは、生産共働者《パートナー》としてのその地位をけっして失わないことである。したがって、現在従事している仕事からはみだした労働者は、第一に、同じ事業内で適当な他の仕事を志望することが許さるべきである」(27頁)と、配転による雇用維持も視野に入っています。

†日本型新卒一括採用が理想

興味深いのは、こうしたパートナーの地位が就職の段階から保障されるべきと主張していることです。見習工や徒弟としてではなく、「新規労働者は、初めから、若い労働者として完全な共働者《パートナー》の地位を得るための正規のコースに立つものとして認められなければならない」(33頁)、「青年労働者が、はじめて職についた瞬間から労働社会の一員としての気構えを持ち、適当な年齢に達するとすぐに完全に企業に参加しているという確信を持つようになること、これが共働者《パートナー》という考え方の精髄《せいずい》である」(36頁)。コールにとって、日本的な新卒一括採用の方式こそもっとも素晴らしいものだったようです。

パートナーシップとはもちろん、権利とともに義務を伴います。コールの言葉は、それが現実のイギリスの姿とはかけ離れたものであるがゆえに、往々にして理想主義的な色合いを帯びます。「労働者が単に賃金をもらうだけの働き手ではなく、ちゃんとした共働者《パートナー》の地位を獲得するようになると、彼等は全産業のなかでの自分の責任を自覚するようになる。そして自分の働く企業が、ただ利潤を目的としたものでなく、一般消費者に充分奉仕でき、国民全体の生活水準を向上させるのに役立つように、最善をつくしてゆく。このような責任を持つようになれば、労働者はこの任務を達成するのに必要な条件を決定する上で発言する権利を持たねばならない」(40頁)。

こうしてコールの企業像は労働者コミュニティに近づきます。「労働グループが自分たちの監督を選出する主力になれば、彼等は外部から押しつけられた命令のもとで働くわけではなく、自分たちが選んだリーダーのもとで働くグループに転化するようになる。

……そこでは、各労働者がバラバラに仕事をするのではなくて、グループが集団的に仕事をし、自分たちで仕事の割当をし、労働条件を作り、賃金はグループの総額をそれぞれの条件によって個々のメンバーに分配する」(44—45頁)。こうなると、「規則は労働者に上から課せられるものというよりは、むしろ労働者による集団的な自己規制の基準といったものとなるだろう」(46頁)と。

コールは、現実のイギリス社会で労働者が技術革新に抵抗しがちなことに基づく批判に対してこう見得を切ります。「その内容が民主的な労使関係のすべてといえる「共働者《パートナー》の地位《シップ》」を認めることは、必要な変革に対する抵抗を激減させることになるだろうというのが私の主張の一端である。私の目的は、経済変革に対する障害を強めて問題を停滞させることではない。労働者に真の共働者《パートナー》として、能率的な生産増進のための正しい提案を受けいれさせることにある」(54頁)。

なんだかかつて一九八〇年代に、日本型雇用慣行がいかに技術革新と親和的であるかが熱心に論じられた頃の議論を思い出させます。その頃、反面教師とされたのが、コールが望んだような道を進まなかったその後のイギリス社会(「英国病」!)であったことを考えると、その皮肉はまことに多重構造です。

†完全雇用が必須な理由

コールは、自らの議論に対する批判を想定しています。「このような状態におかれると、監督がグループに命令を発したり、生産やサーヴィスの一定量を適当な速度で行うように要求するために必要な権威をなくしてしまうという人も多いだろう。また、グループの気にいるために、労働者の怠けぐせに妥協したり、困難が起こったときに、その地位を保つために、積極的に立ち向かわないで事なかれ主義に陥いるようになるだろうともいうだろう。……そして各グループは、ろくに仕事をしなかったり、いい加減にやったりしていても、そのまま放置されるに違いない」（62頁）。

コールはこう反論します。「意地悪くしかも協同性を欠いたグループが、非能率的で臆病な監督を選出した場合」（63頁）にはそういうことが起こるかもしれない。しかし、パートナーシップのもとではそうはならないと。「彼等が共働者《パートナー》として認められ、自分たちが選んだ指導者のもとで働くことが許され、自分たちの仕事についての諸条件を決めるのにみずから一定の役割をはたすようになれば、一層より働くようにはなっても、怠けるようにはならないと私は思っている」（66頁）。

しかし、現実のイギリス社会はそういう道筋をたどることはありませんでした。詳しくは第8講のアラン・フランダースを紹介する中で述べますが、六〇年代から七〇年代のイギリスは、コールのいうパートナーシップを欠いたまま、職場で命令する「権威」が失われ、「怠けぐせ」が広がった時代だったのです。そしてそれがサッチャーによるイギリス労使関係の大転換をもたらすことになるのですが、いや少し先走りしすぎました。

コールがパートナーシップを主張するのは、完全雇用という経済環境がありました。これは論理的には鶏と卵のような関係で、一方で「このような共働者《パートナーシップ》の地位を実現するためには、いつでも全体にゆきわたるほど充分な仕事が必要であることは明らかだ。すなわち、政府の当然の責任として、完全雇用を維持することが先決問題となる」（25頁）と、完全雇用があってはじめてパートナーシップが可能になるという議論をしている一方で、完全雇用を前提に「指導することができないから駆使せねばならない劣等者として、普通の男女を強制によって支配することがもはやできなくなった現在、社会の活動を円滑に進めてゆくためのほかの方法は見出しえないのである」（71頁）と、パートナーシップの必然性を説いているのです。

ただこれはコールにはやや酷な言い方かもしれません。同書はコールの理想像をかなりストレートに打ち出した本なのです。

†ドイツや日本で実現した理想

最後のところでコールはこう語っています。

「もちろんこの提案は、普通の人間の性質の評価を誤った実行不可能な理想論だといわれるかもしれないということを承知している。そのような人びとは、労働者の大部分を、その働いている企業で、真の共働者《パートナー》として取扱うのは適当でないと主張するだろう。またそうするためには、彼等があまりにも無責任であり、またその多くはあまりにも怠惰で、かたくなであるともいうだろう。もしそうであれば、そしてもしこのような性質が彼等のすべての行動に深く根をおろしているとすれば、私としては、人類の将来はまことにみじめなものだと言わざるをえない。

……強制的な仕事の仕組は民主主義と矛盾する。なぜなら、それは必ず恐怖に基礎を置いているからである――恐怖とは、上役に罰せられることや他の仕事を見つけるなんらの保障もなしに仕事から追いだされることを意味する。これまで、わが国の産業では、労働者に能率をあげさせるのに、大部分はそのような恐怖に頼っていた。

……しかし、この恐怖は最近ほとんどその力を失った。完全雇用の条件が、そのとげを取去ったからである。……そこでわれわれは、労働者の恐怖に訴えることなしに、高い生産をあげる方法と手段をみいださなければならないであろう。そして、そのための唯一の道は、普通の人びとが自発的にベストをつくすよう説得することである」(128―130頁)。

彼の主張は夢物語ではありません。現にドイツで、そして何よりも日本で、彼の理想に近い職場のパートナーシップが完全雇用状態のもとで実現したのですから。しかし残念ながら、コールの祖国ではそれは実現しなかったのです。

ここまで読んできて、いやいや日本でもコールの理想像が実現するのではなく、むしろその批判者たちが危惧したような状態が広がっていた領域があったのじゃないか、と感じた人もいるのではないかと思います。

そう、国鉄のようなかつての公共部門の労使関係です。

公共企業体や現業としてその経営権限が上級官庁や政治家に握られたまま、しかし現場レベルでは「監督がグループに命令を発したり、生産やサーヴィスの一定量を適当な速度で行うように要求するために必要な権威をなくして」しまい、その結果、「ろくに仕事をしなかったり、いい加減にやったりしていても、そのまま放置される」(62頁)という状態が広がってしまったことがあったのです。これら組織は1980年代以降、日本型のパートナーシップ労使関係に(国鉄の場合は権力的介入を伴って)転換していきました。その日本型パートナーシップに批判の目が向けられるようになるのは1990年代以降です。

それに対して、上述したように、イギリスの労働社会は国全体が「国鉄」化してしまったようでした。イギリス社会がコールのいうパートナーシップを実現できなかったのはなぜなのか、そして「国鉄」状態を是正するために完全雇用を廃棄し、失業の恐怖を振り回さなければならなかったのはなぜなのか、労使関係の最先進国が過去半世紀にたどった歴史は、さまざまなことを私たちに考えさせる素材として目の前にあります。

第8講 パートナーシップなきイギリスの職場

アラン・フランダース、岡部実夫・石田磯次共訳
『イギリスの団体交渉制——改革への処方箋』
日刊労働通信社、一九六九年

【受講準備】

†労使関係は人間の権利と尊厳の問題

これは、成功した労働運動からの示唆ではなく、コールの時代から続くカオスの中にあったイギリスが、もがき苦しみ、ドイツ型への憧憬を募らせた、反省の書と受け取るべきでしょう。

世界に先駆けて産業革命と自由化が進んだイギリスは、貧富の差も早々に拡大し、ゆえに、労働者の権利意識が醸成されるのも早かった。そこで、労働運動史的には「集合取引」という一大エポックを生み出すことになるわけです。

ところが産業構造の変化などでこの強力な武器の切れ味が鈍り、しかも「共同決定」や

「ジョブ・コントロール」などの新しい仕組みも構築できなかったのがイギリスのカオスの原因といえるでしょう。

アラン・フランダース（一九一〇―七三）は社会主義者であり、労使関係論の分野ではイギリスで最も著名な研究者の一人でした。といっても、学歴エリートではなく、大学にも行っていません。まだ十代の時に社会主義に目覚めてドイツに渡り、国際社会主義闘争同盟の一員になります。それがナチス政権によって潰されるとイギリスに戻り、炭鉱労働者やセールスマンなど、数々の職業を経験した後、イギリス労働組合会議（TUC）のリサーチアシスタントの職を得たことで、この分野に足を踏み入れ、数々の実証研究をものします。一九四九年、実績が大きく評価され、学位を持たないのに、オックスフォード大学の上級講師に任命されます。

彼は終生、こう主張し続けました。「労使関係は所得の分配問題であるばかりではなく、人間の権利と尊厳に関する問題でもある」と。所得の分配問題に資する「集合取引」という

仕組みのみだと、一方で、経営との協同を手の届かないものにしてしまいます。健全な労働運動を考えるうえで、反面教師として一九七〇年前後のイギリスを振り返るのは、学ぶところが多いといえるでしょう。

【本講】

†イギリス労使関係が大転換するきっかけ

前講では、コール『労働者——その新しい地位と役割』で、イギリスにもドイツ型(日本型?)のパートナーシップを持ち込もうとしたけれども、うまくいかなかったことを述べました。一九六〇年代から一九七〇年代のイギリスは、コールのいうパートナーシップを欠いたまま、職場で命令する「権威」が失われ、「怠けぐせ」が広がった時代だったのです。そして後にそれがサッチャーによるイギリス労使関係の大転換をもたらすことになります。

一九六〇年代のイギリスは非公認ストの頻発など労使関係の混乱が国政の最重要課題になり、一九六五年にいわゆるドノヴァン委員会が設置され、一九六八年にその報告書が出されています。

『イギリスの団体交渉制——改革への処方箋』は、著者のアラン・フランダースがこの委員会に提出した文書をもとにした書で、イギリス労使関係システムのどこにどういう問題があるのかを犀利《さいり》に摘出し、あるべき改革案を論じたものです。

†事業所レベル交渉の弊害

フランダースによれば、イギリス労使関係システムの欠陥は三つあります。第一はいわゆるコレクティブ・レッセフェール（集団的自由放任）のため国による後ろ盾が不十分であること、第二に団体交渉が公共の利益を犠牲にする傾向にあること、そして第三に事業所レベルの労使関係つまり経営者と職場委員（ショップ・スチュワード）の間の労使関係が無秩序化する傾向にあることです。

このうち、フランダースが特に強調するのは第三の点です。たとえば労働力の有効活用を阻害する必要以上の人員配置を強要するいわゆる制限的慣行を、一九世紀以来の職能組合主義の遺産だというのは間違いで、「こうした統制が公然と実施されるのは、労働組合によってではなく、職場委員によって代表される職場の作業集団によって」なのです。そして、組織的な時間外労働や刺激給制度に対して徐々に図られる能率低下など、こういった事柄の真の核心は「経営者側が工場レベルにおいて賃金と作業に対する統制力を、したがってまた労務費に対する統制力を徐々に失ってきた」ことにあります（33頁）。

経営側が直面していたのは労働組合の交渉力ではなく、「作業の即時停止から時間外労働の拒否ないしその協力の撤回に及ぶ幅広い強制力を有する作業集団のそれ」であり、当面の平和と生産の続行のために「力に、ただ力にのみ屈することによって、経営者側は秩序を破壊してきた」と彼は評するのです（34頁）。職場規律の弛緩をもたらしてきたのは、経営側だと。

戦後イギリスでは「賃金やもっと広範な事項をめぐる交渉が経営者側と職場委員との間で盛んに行われるようになってきた」にもかかわらず、それは労働組合による団体交渉とは異なり、「非常にインフォーマルであり、非常に分断的であり、かつ非常に自律的」でした。「労使関係を規制する規則は、労使間で協定され、または黙認されている場合も若干あるが、通常依然として文書化されないままにあるか、またはたとえ文書化されていても、議事録かおそらく会社の政策に関する声明書の形をとって」いました。こうした「工場レベル交渉の分断化とは、端的にいうと、相異なる作業集団が別々の時期に相異なる譲歩をかちとるような仕方で交渉が行われること」を意味します。「工場内では、共通の包括的な交渉制度が存在しないから、賃金構造が適切に定められていないと、作業集団は別々に自己の利益を追求し、賃金構造を歪め、不平等ならしめることになる」（39―41頁）というわけです。

この事業所レベル交渉は、労働組合も使用者団体も力が及ばないため、作業停止にまで及ばなければ、どちらもそういう交渉が行われていることをほとんど知らない状態で、その「自律性は労働組合と使用者団体に対する挑戦であり、国の所得政策遂行上の障害」にもなります。所得政策とは、政府が労働組合を説得して過度の賃上げを抑制させるという政策ですが、現場で勝手に賃上げをしている職場委員に対して労働組合の統制は及ばないからです。その責任はどこにあるのかといえば、フランダースは経営者だと名指しします。「経営者側こそ、事業所レベルの交渉を満足な基礎のうえにおくイニシアティブをとり、工場内にもっと安定した協力的な労使関係が発展していくように仕向けるべき立場にある」(44頁)と。

†従業員を相手にせよ

こういう話を聞くと、日本人ならその会社の人事部は何をしているんだと思うでしょう。フランダース曰く「労使関係における人事管理者の主要な役割は、通常、和解者、すなわち紛争が起こるおそれがある時にはそれを取り除き、いかにして組合と仲良くやっていくか、組合からどのような要求が出るか、それにどう答えて妥結に導くかを知っている者としてのそれであるとみなされた。人事管理者が政策を立案したり、将来の計画をたてたりする地位にあることは、まれであった」。そしてこのことが「ライン管理者の責任感の稀薄化をもたらし、ためにライン管理者は職場委員や作業集団との関係をうまく処理できないようになった」のです（45―46頁）。

こういう在り方の根源にあるのは「そもそも会社内における権限の分割と配分を一切拒否する経営者側の現行イデオロギー」だと彼はいいます。「経営者側は、実際には、職場における敵対的権力に直面し、それと仲直りして、交渉を行わなければならなかった。しかしながら、経営者側としては、これは一時的な異常事態――このもとでは、特定の非常に重要な経営権については絶対奪われないように、フォーマルな協約には決して調印してはならない――であるふりを引き続きすることができた」「職場における交渉力を一方では否定しながら、これを正当と認めることを余儀なくされるこの現実と見せかけの混在こそ、経営者側の統制力を弱め、事業所レベルの労使関係をますます無秩序ならしめるもっとも基本的な原因である」（46―47頁）。

そこでフランダースが経営者に求めたのは、会社の外側の労働組合なんかではなく、現に会社の中で職場を握っている従業員を正面から相手にすること、コールの言葉を用いればパートナーとして扱うことでした。「法が専制によって実施されない場合には、法は同意によって生かされなければならない。その同意とは、事業所レベルの労使関係についていえば、労働組合の同意そのものではなくて、とりわけ特定の作業集団の成員の同意を意味する」「全国協約もしくは地域協約によって定められた企業外の法を強要することによって、平和が維持されると考えることは馬鹿げている。そこで、非公認ストの解決策は、事業所レベルの労使関係を再建することに求められるべきであり、それについての主たる責任は経営者側にある」(48―49頁)。

こういう記述を読んでくると、そもそもまともな労使関係がほぼ企業レベルにしかなく、企業の外側で規範設定を行う西欧型労働組合というものがなかなか皮膚感覚としてわからないわれわれ日本人にとっては、すべてがひっくり返った不思議の国の話を聞くような感覚を味わうかもしれません。

労働組合は産業レベルで団体交渉するけれども、企業・事業所レベルの労使関係システムも確立しているドイツのような国からみても、そこまで職場の労働者を相手にするのを嫌がるイギリスの経営者の感覚はかなり遠いものがありそうです。前講のコールがあれほど希求した労使パートナーシップというものが、ここまでイギリスの経営者から嫌われていたというのも驚きです。

フランダースのいう「経営者が労働者に分担させることを拒んだためにかえって失ってしまった管理権の現実」に対する処方箋は、それゆえ「賃金構造に対する強力な管理権を回復し、今日実行可能な唯一の基盤――労働者代表との合意を得ること、および合同規制の分野の拡大を通じて協力を築き上げること――の上に作業を組織することでなければならない」のです（104頁）。それはまた、同一職場に職種別組合が多数存在するため生じている交渉の行き過ぎた分断化を克服するため、「交渉単位が工場全体を包括すべき」（107頁）という提言にもつながります。

†集団から個人へ

フランダースの理想像は、これまで企業内になかなか足場を持てなかった労働組合が企業内にしっかりと地歩を築き、これまでのインフォーマルな職場委員との交渉を、フォーマルな組合役員との交渉として認めていくことです。彼は、事業所レベルと産業レベルと全国レベルの三つのレベルで労使関係システムが確立されることを訴えています。

しかし、イギリス社会の現実はそういう望ましい途をたどることはありませんでした。一九七〇年代には保守党政権と労働党政権によって労使関係法制がもみくちゃにされ、国民経済を無視した労働運動が国民の批判を浴びる中で、一九七九年のサッチャー政権の手によって、そもそも労働運動の力を削減していく立法政策が採られていくことになります。

サッチャー、メージャーの保守党政権一八年の間に、かつて猛威を振るったイギリス労働運動は見る影もないほどに力を失い、今では賃金決定はほとんど産業レベルでは行われなくなり、企業レベルに、いやむしろ個人レベルに大きくシフトしたといわれています。

ところが、半世紀前のフランダースの本を読めば、それはそれ以前から進んでいた動きの一つの帰結であることが分かります。ただし、それはコールやフランダースが望んだような企業レベルの集団的労使パートナーシップを強調する方向ではなく、労働組合や職場委員といった集団的なものをぬぐい去って、労働者一人一人との関係を強調していく方向においてでした。フランダースはイギリスにおける労使関係論の代表的学者でしたが、その後進んだのは学問分野としての「労使関係論」自体の地盤沈下であり、それに代わって「人的資源管理」という学問分野が脚光を浴びるようになっていきます。

一九九七年にブレア首相の下で久しぶりに労働党が政権を取り戻した時、イギリスの労使関係はまったくその相貌を変えていました。ブレアは当時EU社会政策でも流行っていた「労使パートナーシップ」というスローガンを掲げて、さまざまな改革を試みますが、イギリスの労働運動はもはやパートナーたり得るだけの力は失っていたようです。

第9講　ジョブ・コントロール型労使関係は崩壊の一途

バリー&アーヴィング・ブルーストーン、岡本豊訳
『対決に未来はない――従業員参加の経営革命』
新潮社、一九九七年

【受講準備】

†精勤・勤勉な労働の回復

イギリスで生まれた集合取引が、アメリカでは社内にまで入り込み、数の力をもって経営から次々と権利を奪取していく様が、第3講のパールマンの本講に書かれていました。同時代イギリスは、第8講のフランダースで触れた通り、企業を超えた集合取引という建前を排しきれず、その実、企業内に入り込んだ支部が無秩序に経営と交渉するカオスに陥っていきます。

さっさと運動の主体を、日常の労働現場に鞍替えし、そこで理論的な戦術を築き上げていったアメリカ的プラグマティズムが、個社の中ながらも集合取引を長持ちさせたという

ことになるでしょう。

ただアメリカの場合、パールマン（第3講）の本講ですでに書かれていた通り、労働側が勝ち取ったジョブ・コントロールは、お互いがお互いの領域に立ち入らない不可侵条約であり、そして労働者自身も決められた「ジョブ」を順守するだけの存在に成り下がっていく……。

こうしてアメリカ企業も一九八〇年代後半になると、経営が成り立たない状態に陥りました。

この時代に、「ジョブ・コントロール」を脱して、精勤・勤勉な労働をいかに回復するか、を説いたのがバリーとアーヴィングのブルーストーン父子です。

父のアーヴィング（一九一七—二〇〇七）は長くゼネラル・モーターズで働き、著名な組合活動家でもありました。彼が亡くなった時、全米自動車労働組合の元会長ロン・ゲトルフィンガーは次のような言葉を残しました。「あらゆる組合の代表が「かくありたい」と思うすべてを体現する素晴らしい人間だった」と。

息子のバリー（一九四四—）はミシガン州デトロイトで育ち、ミシガン大学で学んだ労働経済学者です。ボストンのマサチューセッツ大学などを経て、現在は同じくボストンにあるノースイースタン大学の公共政策・都市問題学部長をつとめています。

【本講】

†アメリカ労働運動の中枢からアメリカ的労使関係を批判

『対決に未来はない――従業員参加の経営革命』の著者は父子で、父親のアーヴィングは既に亡くなっていますが、息子のバリーは存命中という半分古典状態。同書を選んだのは、父親のアーヴィングが戦後アメリカ労働運動の中枢にいた人だからであり、にもかかわらず同書では、そのあり方を（息子とともに）鋭く批判しているからです。

アーヴィング・ブルーストーンはリトアニア系ユダヤ人の息子としてニューヨークに生まれ、終戦直後からゼネラル・モーターズ（GM）の工場で労働組合活動家として頭角を現し、全米自動車労働組合（UAW）のウォルター・ルーサー会長（在任期間一九四六―七〇）の下で副会長（GM担当）として活躍した人物です。第2講で取り上げたサミュエル・ゴンパーズが一九世紀的な職業別労働組合の旗手であったのに対し、ウォルター・ルーサーは二〇世紀的な産業別労働組合の代表選手であり、ニューディール改革以後に確立した特殊アメリカ的な労使関係を体現する人物です。

その懐刀であったアーヴィングが、引退後の一九九二年に労働経済学者の息子のバリーとともに刊行した同書では、まさにそのUAW型労働運動、アメリカ的労使関係を次のように批判的に描き出しています。

「労使間の関係の基本的な性格は、明瞭に敵対的なものだった。たとえ組合側は経営者たちを常に仇敵だと見做《みな》したわけでは無いとしても、そして、経営者側が常時組合を自由な企業経営秩序への究極的脅威だと感じていたわけでは無いとしても、両者ともしばしば、協約団体交渉の席ではまるでそのような考えを持っているかのような行動をとったのだ。事実、たとえ「成功裏」に進んだ団体交渉の結果締結を見た協約も、安定したパートナーシップというよりはむしろ不安定な休戦条約に似ていた」(62頁)。

アーヴィング自身がGMとの交渉でその確立に貢献した「従来型の職場型労働協約」は、年次改善ファクター(AIF)と生計費インフレ調整賃金(COLA)という条項を中心に、フリンジベネフィット、セニョリティ制度、作業規則と職務分類、苦情処理機関など七つの要素からなっていました。これらに共通するのは、団体交渉によって詳細な労働協約を締結し、それを守らせることには全力を挙げるけれども、そこに書かれていないことについては全面的に経営側の専権に委ねるという「休戦条約」的性格です。仕事が減ったときに誰が先に一時解雇(レイオフ)され、誰が先に戻るかについては、ボスの恣意を許さない「紛れのないルール」を定めるけれども、その経営判断自体には一切口は挟みません。

†監督はごみを拾うな

ここで注目しておきたいのは、詳細な作業規則と職務分類です。それは労働組合側が闘争によって獲得したものであるのは確かですが、「職務を細分化させ、それをがんじがらめの規則で縛るというのは、第一義的には会社側が発明した制度だった」(69頁)のです。テイラー主義＊の下、「すべての職務がその構成部分に分解された上で、個々の労働者に割り当てられ、厳格な作業規則が会社側で準備され、労働者の作業動作の一つひとつが管理されることになった」。「職場型労使協約の下で、労働者はしかし、厳格な作業基準、服務規則、職務間の線引きを、逆に自らの利益に利用したのだった」。その結果、「電気工、機械工、大工といった職能工の果たす機能は明確に規定され、組合側は、この職能間の境界線を会社側が逸脱して仕事をさせることの無いように監視した。このような規則の一部として、組合はまた監督は監督のみに専念し、従業員の仕事はしないことも要求した。工員に部品の入った箱を渡したり、通路のごみを拾った監督は、団体交渉によって勝ち取られた労働協約で従業員の仕事と定められた作業を行ったという理由で苦情申立ての対象となることになったのだ」(70頁)。

*テイラー主義……フレデリック・テイラーの科学的管理法に基づく経営管理手法

そう、厳格なジョブ型労働社会は、アメリカの労使がその妥協として作り出したシステムだったのですね。

しかし繰り返しますが、この仕組みは職場における組合の権限を極大化する代わりに、経営権を経営側の聖域として維持し、組合の容喙《ようかい》を一切許さない仕組みでもありました。

「組合は、決定的に重要な職場の問題を共同管理する権利を確実なものにしたが、経営者達は企業の経営にあたっての独占的権利を確保した。このような管理権の分裂は、今日まではぼそのままで続いてきている。全米自動車労組とGMの間で一九五〇年度に成立した歴史的な協約は、この意味での労使間の同意を典型的に示していた」(75頁)。

しかしやがてグローバル化の中でこの栄光の日々が失われるようになり、組合側が勝ち取った職場レベルの権利が一つまた一つと削られていっても、経営権の神聖不可侵に変わりはなかったのです。

†製品の品質に関心を持つな

一九七〇年代から八〇年代にかけて、日本を初めとする海外企業によってアメリカ経済が失速していきましたが、その責任が主として組合の賃上げ要求にあるという批判に対し、それが生産性向上によって吸収されなかったことが問題だとブルーストーン父子は言います。ではその原因は何か？

「ほとんどの労働組合の場合、組合員は伝統的職場型労使協約の下での考え方、すなわち、生産性の問題は当然会社側の責任事項だとの考えに終始した。このようなことに責任を感じるのは、従業員の、そして組合員の「職務記述」に含まれていないというのが彼らの考えだったのだ」（122—123頁）。それは組合側だけでなく、むしろ会社側こそがそうだったのです。「全米自動車労組のGM社担当部長がGMの組合に工場内に「組合も製品の品質に関心を持つ」というモットーを組合掲示板に張り出すように指示したところ、会社側の上層部から連絡があり、品質の問題は会社側の経営権の専権事項であり、組合のビラは適当でないと苦情を述べたという話が残っている」（123頁）。

こういう話を聞くと、企業別組合が経営者と二人三脚で生産性運動に邁進してきた国の人間は、「このようなやり方が結局生産的ではあり得ないのは明らかだ」（123頁）というブルーストーン父子の批判に思わず頷《うなず》いてしまいます。

同書の次のような記述は、まさにそのGM労組の幹部だったアーヴィングの口から発せられるからこそ説得力があります。「ここで注目すべき事実は、労使双方の同意で生まれた伝統的な職場型労使協約は、労使関係のあり方を最初から全く敵対的な関係に置いたということだ。……このような環境の下で組合側は会社側の経営権によって生じる制約の範囲内で、従業員の職場を守り、短期的には生産性と賃金の相関関係を無視しての賃上げや付帯給付の増加の実現を図るという役割に専心することとなったのも無理はない」(125頁)。

「失業の不安がつきまとう時代には、組合はしばしば服務規定や従業員の職務区分に関する条件の交渉に当たって、経営者が職場で恣意的で気まぐれな行為にでるのを防止したり、……現行の雇用水準をできるだけ維持することにも努力を集中した」(126頁)。フェザーベッディングと呼ばれる水増し雇用の要求です。当然「この種の服務規定や職務区分はアメリカ企業の競争力に悪影響」(127頁)を及ぼしました。

†日本のやり方に学べ

伝統的な敵対的労使関係モデルが主流であり続ける中で、国際競争による企業利潤の圧迫という事態に直面したアメリカ企業は、「組合のある経営環境では組合に賃金や福祉面での譲歩を要求したし、未組織の場合には一方的にそれが実行」(170頁)されました。しかし、「競争に打ち勝つ方法として、彼らは、何千名もの従業員の賃金カットやレイオフに依存する結果、生産性と品質の向上と技術革新の導入に必要な自社従業員の忠誠心とやる気を犠牲にすることが多すぎ」（27頁）たのです。それに代わる選択肢として著者父子が提示するのが、従業員参加型経営と経済民主主義なのです。なんと懐かしい言葉！

この懐かしさは何重にもねじれています。まずもって、一九九二年という同書出版の時期において、そのモデルは何よりも日本企業であり、その安定雇用の保障とチームワークでした。当時、これは「脱テイラー主義」として流行だったのです。同書「第六章　従業員の経営参加の展開」は、「生産性は人から始まる」とか「『保障された』安定雇用」といった、日本モデルを意識した表現が頻出します。とりわけ、「日本企業から借用した第二の原則とは、監督の指揮下で個々の労働者が個人に割り当てられた反復作業をする代わりに、生産「チーム」を使用することであった。……チームのメンバーはグループ内ですべての必要な作業を覚えることができ、複数の作業を交代でこなすこともできる。ある場合には、この種のチームは、仕事や休暇のスケジュールの作成、資材の発注、生産の手段や方法の組み替えといった機能を果たすことがある。このような場合、監督の役割は命令したり指示したりするのではなく、コーディネーター、ファシリテーターといったものに変わってしまうこともある」（174―175頁）。

第10講で取り上げるサンフォード・ジャコービィの『会社荘園制』もそうですが、こういう日本型人事労務管理のスタイルはアメリカでもしぶとく存在し続けてきました（イーストマン・コダックなど)。ただしそれは、外部の産業別労働組合による組織化攻勢を断固として撃退し続けてきた無組合企業においてでした。この、UAW型労働運動を有機的に組み込んだニューディール型労使関係システムとは対極に位置するある種のメンバーシップ型労使関係システムを、まさにそのUAWという労働運動のまっただ中を生き抜いてきた当人が唱道しているという逆説的な状況がここに現れているのです。

当然のことながら、ブルーストーン父子が唱道するのは(コダック的な『会社荘園制』の)無組合型労使関係ではなく、労働組合自身が経営者のパートナーとなり、生産性向上のために経営参加していくという、協調組合型労使関係です。

†純粋メンバーシップ型宣言

いや、実はそれにとどまりません。同書の最終章では、さらに「経営権条項をお払い箱」にし「企業の「すべて」の意思決定を、その範囲が職場関連か上位の企業戦略かを問わず、労使の共同アクションで行うことを志向する」「脱テイラー主義化の最終形態」を提起します(247頁)。それが「企業盟約」です。

ブルーストーン父子の主張する「企業盟約」は、「正式な、法的拘束力を持つ、労使間の団交を通じて締結された協約」で、「組合と企業の双方が共同で達成すべき企業の目標を設定し」「現在企業側が一方的に行っている戦略的意思決定の事実上すべてについての管理、指揮機能を明示的に分かち合う条項」が加わります。その本質は、「現行の経営権条項を廃絶し、企業の、そして企業をめぐる多数の利益関係者の利益と福祉のための共同責任条項をもってそれに代えるもの」です（253頁）。

同書（255頁）からその具体的な七か条の例を紹介します。日本人にとってあまりにも違和感のなさ過ぎるその内容は、しかしアメリカ人にとっては驚天動地の内容です。

一、労使双方は、本盟約の有効期間中毎年六％の「生産性向上」を年次目標とすることに同意する。

二、従業員は、本盟約の有効期間中毎年三％の「賃上げ」（総報酬の三％）と、インフレの物価上昇からの保護を受ける。

三、会社側と組合側は、労働力の生産性の向上と、労務費とその他の経費の全体的上昇との間の関係を勘案した上で、自社製品の販売「価格」を毎年一％から三％までの幅で切り下げることに同意する。

四、製品の「品質」の問題はストライキの原因となり得る。もし、製造中の製品の品質が労使共同で定めた基準に合致しない場合は、組合はいつでも、事態が改善されるまで生産を停止する権利を保有する。

五、会社は、「レイオフ禁止」条項を遵守することに同意する。人員の削減が必要な場合は、通常の自然減少と共同で同意した早期退職奨励金制度の枠内でこれを行うこととする。

六、会社は、組合と協力して、「利潤分配制」と「進歩の果実分配制」に基づくボーナス報酬制度を設定することに同意する。

七、会社と組合は、会社のすべての戦略的意思決定は、「共同アクション」を通じてなされることに同意する。これらの意思決定は、製品価格の決定、購買活動、マーケティングと宣伝広告、生産方法、新技術の導入、新規設備投資と新製品開発投資、および生産の外注を含むが、これがすべてではない。従来の協約に存在する経営権条項は削除されることとする。

労使共同で六％の生産性向上を達成し、そのうち三％を賃上げで獲得し、三％以内を（企業競争のための）値下げの原資に回す。顧客を失う可能性のある低品質の製品の出荷を、組合がストライキに訴えてでも阻止する。かくも会社に忠誠心を尽くす従業員にレイオフは許されない。従業員は会社のメンバーであり、株主と同様に利潤分配の対象であり、従業員の代表たる組合は会社の最高意思決定に参加する。なんと、日本でもなかなかお目にかかれないほどの純粋メンバーシップ型宣言です。それを唱えているのが、これと正反対の純粋ジョブ型労使関係システムを構築してきた当人なのです。

†挑戦は法的に頓挫

しかしアメリカの労働法は、そのような労使協調組合の存在を認めていません。会社組合は不当労働行為として糾弾され、否定されます。労使協調の企業運営を実施しようとすれば、断固として組合を排除した無組合経営をとらざるを得ないのです。

そこで同書でも「労働法の改革」、つまり敵対的労使関係を義務づけるワグナー法の改正を提起しています。

実際、これは一九九〇年代のアメリカで、民主党のクリントン大統領の下で提起され、実現しかかった労働法政策です。一九九四年のいわゆるダンロップ委員会報告は、同法の支配介入禁止規定の緩和を求めました。しかしながら、それを最終的に阻止したのは従来型の労使関係システムに固執する労働組合ＡＦＬ－ＣＩＯの反対でした。その急先鋒は、ＵＡＷのフレイザー会長だったと言われています。

そしてその後、当時あれほどもてはやされていた日本型システムが水に落ちた犬の如く叩かれるようになり、日本型労使協調路線がアメリカ産業衰退の特効薬だと言われた時代があるなどということを覚えている人も少なくなりました。時代の移り変わりの早さは目まぐるしいものがあります。同書を繙《ひもと》く人は、その内容のあまりの「古めかしさ」に驚くかもしれません。でもそれはほんの三〇年前の共通感覚であったのです。

第10講

メンバーシップ型アメリカ企業の雌伏、栄光、挫折

サンフォード・ジャコービィ、内田一秀・中本和秀・鈴木良治・平尾武久・森杲訳
『会社荘園制』
北海道大学図書刊行会、一九九九年

【受講準備】

†外界と隔絶された共同体

行き過ぎたジョブ・コントロールにより、アメリカ企業の労使関係は血行不良を起こします。その様は第9講ブルーストーン父子にて取り上げられました。ジョブ・コントロールが経営と労働者の距離を広げたのに対して、労働思いの経営が、経営指向の労働者を育て、労使協調的な経営をしている企業が一部にあったのです。その前段には、福祉資本主義経営がありました。第一次世界大戦中の好況期に、猛烈な人手不足から人材獲得競争が起こり、そこで、「社員を大切にする」というお題目の福祉資本主義が生まれます。

ただ、直後に大恐慌がやってくると、企業は手のひらを返してリストラや待遇引き下げ

を行います。こうして波の華のように福祉資本主義が崩れ、多くの企業がジョブ・コントロールへと移り行く中、おためごかしの労働者優遇ではなく、まるで家族のような一体感を持って、外界とは隔絶された共同体を作ったのが、会社荘園制です。

経営者という〝領主〟が、会社という〝領地〟に社員を囲い込んで、安定雇用と内部昇進を保証し、手厚い給与と福利厚生を与え、会社自体を共同体にしてしまう。この本の表題、Modern Manors（現代荘園制）にはそんな意味が込められています。

ジャコービィは一九五三年にニューヨーク市で生まれました。ペンシルヴァニア大学を卒業後、カリフォルニア大学バークレー校で経済学博士号を取得し、雇用管理・人事管理・労使関係史などの分野で活躍してきました。たびたび来日し、いくつかの大学の客員教授をつとめています。邦訳された最新作として『日本の人事部・アメリカの人事部』（東洋経済新報社）があります。

【本講】

†非主流派、少数企業の物語

本書で唯一、現在なお活躍中の方の本を取り上げます。アメリカのサンフォード・ジャコービィです。彼の『雇用官僚制』（Employing Bureaucracy）は、「アメリカの内部労働市場と〝良い仕事〟の生成史」という副題にあるように、アメリカ型の「ジョブ」に立脚した内部労働市場システムの歴史を描いた大著です。「アメリカに内部労働市場？」と思うかもしれませんが、内部労働市場という言葉はそもそもアメリカで生み出されたもので、それまでの「トレード」（職種）に立脚した外部労働市場型の社会のあり方から、二〇世紀前半に新たに登場しました。企業の事業を細かく分けていった管理単位としての「ジョブ」（職務）に立脚した仕組みは、二〇世紀アメリカ産業社会が生み出したものなのです。有名なドリンジャー&ピオリの『内部労働市場とマンパワー分析』がそのメカニズムを分析したものだとすれば、『雇用官僚制』はその生成の歴史を細かく跡づけた本と言えます。

しかし、今回取り上げるのは誰もがジャコービィの代表作と認める同書ではありません。『会社荘園制』（Modern Manors）という、やや奇妙なタイトルのもう一冊の本です。『雇用官僚制』が二〇世紀アメリカのメインストリームとなった労働組合を組み込んだジョブ型内部労働市場を描いているのに対し、『会社荘園制』はその裏側でひっそりと生き延び、やがて組合の弱体化とともに勢力を拡大してきたノンユニオン型あるいはむしろ会社組合型の内部労働市場の歴史を描いているのです。なぜそっちを取り上げるのか？　それは、それがいくつかの点で、日本的なメンバーシップ型の内部労働市場と似通った性格を示しているからです。

†福祉資本主義の崩壊からアメリカ型内部労働市場システムへ

同書の中身に入る前に、アメリカ経営史のごく簡単なおさらいをしておきましょう。日本と同様ヨーロッパに比べれば後発国であったアメリカでは、第一次世界大戦後の一九二〇年代に、福祉資本主義（welfare capitalism）という経営手法が流行しました。第3講パールマンの『労働運動の理論』の表現を借りれば、「温情資本主義は、組合が常に仕事の統制によって、労働者のために獲得しようと努力してきた公正な賃金、妥当なる労働時間、失業、災害の補償、不当なる差別待遇の防止などを、自発的に労働者に提供するように見える」のであり、「この一般的置換政策は、産業における唯一の自然的団結が、経営者、従業員を問わず、同一企業体に従事するすべての人々を結合する団結であるとする温情資本主義の、根本的概念を忌憚《きたん》なく実行する会社組合、すなわち御用組合を、歴史的に発展させてきた組合主義と、制度的に置換することによって目的を達成しよう」というものです。

ところが、一九三〇年代の大恐慌時に、多くの企業は賃金の切下げ、福利厚生の廃止、そして整理解雇に踏み切りました。この「約束違反」が、福祉資本主義に終止符を打ち、新たに広がった産業別労働運動とニューディール政策の下で、いわゆるジョブ・コントロール・ユニオニズムを枢要の一部として組み込んだアメリカ型内部労働市場システムが形成されました。これは『雇用官僚制』の描く世界です。ところが、すべての企業が約束違反の結果、福祉資本主義を手放したわけではなかったのです。

『会社荘園制』が描き出すのは、組合のジョブ・コントロール下にある主流の世界の裏側で生き延びた少数派企業の物語です。同書で取り上げられているのは、イーストマン・コダック、シアーズ・ローバック、トムソン・プロダクツの三社ですが、とりわけコダックの事例が興味深いので、同社を中心に紹介したいと思います。

†日本型雇用に酷似

さて、そもそも一九二〇年代に福祉資本主義という代物を生み出したアメリカの使用者たちは何を考えていたのでしょうか。

「その主な理念は、会社が労働者を、工業化の重圧から守ってやろうという」（33頁）ものでした。それをジャコービィは「ギルド荘園制からギルドだけを抜き去ろうとした」（36頁）と描写します。マクロ歴史的にいえば、労働組合運動とは産業化の「悪魔の挽《ひ》き臼《うす》」（カール・ポランニー）でばらばらにされた労働者が中世のギルドに範を求めて共同性を再建しようとしたものですが、それを組合抜きでやろうというのは、まさにギルド抜きの荘園制の復活と言えましょう。同書のタイトルの源泉はここにあります。

それを生み出した背景はテイラー・システム（科学的管理法）とフォード・システム（大量生産方式）でした。「ウェルフェア・キャピタリズム、会社組合、会社の効率性の三つが、大量生産と大量消費の原理に根をおく相互補完物とみなされた。これこそが、労働問題に対する特殊アメリカ的な対応なのであった」（44頁）のです。それはある面で労働組合よりもリベラルな面がありました。「会社組合は、ほとんどのAFL系組合が無視してきた様々な民族的背景を持つ移民や、黒人、女性などをも迎え入れたのである。ジョン・コモンズを始め、一部の労働運動擁護のリベラル《レイバリスト》は、一九二〇年代に、会社組合はAFLよりむしろ好ましい、あるいは従業員を代表する組織が全くない状態への現実的な代案であると判定」（48頁）しました。

AFL（アメリカ労働総同盟）のような職種別組合が、職種間の厳格な線引きに固執したのに対し、安定性を求めた企業は配置転換によって解雇を回避しようとしました。組合不在のある菓子メーカーは「季節ごとのレイオフを減らすために、労働者に複数の技能訓練をほどこし、違った仕事に配置替え」を行い、やはり組合不在のコルセット・メーカーは「スタイルや製品の変化に対応した速やかな配転ができるように、労働者にさまざまな技量を教え込んだ」（56頁）ということです。

さらに、次の記述は、日本型雇用システムの描写に近いものすら感じさせます。「シアーズかコダックのなかに入って従業員にさえなれれば、不断の仕事と、空きポストができれば最初に機会が与えられるという、期待がもてた。だが同時に、従業員が手にする賃金額は（利潤分配なのだから）組合がある企業より変動が総じて大きく、また企業の必要に応じてあちこち配転されることも覚悟しなければならなかった。シアーズの哲学によれば、賃金は職務《ポジション》にたいしてでなく、人にたいして支払われるものだという。他の会社ほどには職務細分化されていない「互換性のある従業員」を擁していることが、シアーズの自慢だったのである」（74頁）。それは「テイラー主義的な官僚制組織や市場万能主義の組織に代えて、労使共同体、ゲマインシャフトをつくりだそうという考え」（75頁）でした。

†現場管理者の権力を削ぐ

同書が取り上げる三社の中でも、もっとも「メンバーシップ型」に近いのはコダックです。ジャコービィはこう描きます。「いったん雇われて「仲間《クラン》入り」すると、従業員はしばしばその全労働生涯をコダックで過ごすことになった。利潤分配制は賃金を上昇させたし、かりにレイオフがあっても、コダックは失業給付をその内部基金から支払った。ここには、企業こそが産業労働者の主たる保障もとであらねばならないという、コーポラティストの信条の証があった」(103頁)。この「仲間」意識は家族採用システムによってさらに強められます。「二世代、三世代にわたってコダックに雇われることがふつうにあり、母と娘、父と息子が並んで仕事をすることもしばしばだった。家族採用はコダック労働者を文字通り一族にしたばかりでなく、規律を守らせ、また労働組合を信奉する家族を排除する、巧妙な方法でもあった」。これを哲学的に言えば、「コダックにおける採用の慣行は、会社を産業コミュニティだとするイーストマンのより大きなビジョンに対応するもの」だと指摘します(116頁)。

コダックは「作業労働者に継続的なキャリア雇用を提供したわが国最初の会社」であり、「可能な場合いつでも内部からの昇進を約束」しました。この「キャリア政策は、会社が労働者をあちこちに動かすのを容易に」するだけではなく、「労働者の心底からの関心と協同……［そして］納得し合い満たされ永続化する従業員集団をコダックにもたらした」のです（119頁）。

外部から侵入する労働組合運動を憎悪するイーストマンは、そのネタになりかねない職場慣行にも制約を加えます。「労使関係部は、労使の力のバランスをとるのにもっとも長続きできるたぐいの改革、とくに職長の裁量を制限する改革を導入した。この変更の中で、労使関係部は職長が労働者を直接解雇するのを禁じた。爾後、当該労働者は文書化された懲戒報告とともに、雇用管理者のもとに出頭させられることになった。管理者はその解雇を撤回できるし、あるいは労働者を他の仕事に配転することもできる」のです。さらに「労使関係部はまた苦情申し立ての制度を創始」しました（122頁）。現場管理者の権力を削いで人事当局の権限が拡大するというのも、日本型雇用システムの特徴として見慣れた光景です。直属のボスが「You are fired!（お前はクビだ！）」というアメリカ的風景とは対照的です。

コダックの職長訓練プログラムで用いられたセリフを見ると、「皆さんの職務は、従業員や会社とやりあうのではなく、従業員と会社のために働く感情を作ることだ」とか、「人を扱うときには、〝個人的なふれあい〟を忘れるな」と（146頁）、これまた日本でよく聞かされるようなセリフが並んでいます。こういうプレッシャーに縛られて、コダックの職長たちは自らの士気に苦悩したようです。それはあまりにもアメリカ社会の常識に反するものだったからです。

ジャコービィいわく、「古典的な組織モデルでは、人事管理者は、全社レベルでも工場レベルでも、ライン管理に対する助言機能を提供するものと想定されている。しかしコダックの工場人事管理者は、政策を考案することとそれを執行することとの厳格な分離に、あまり配慮しなかった。彼らは少なくとも理屈の上でライン管理者の縄張りだった責務、従業員の不満を解決し監督者を訓練するといったたぐいの役割を、乗っ取ってしまった」（148頁）のです。

その結果、コダックという会社は（日本でも法律上はそうですが）アメリカの法律が想定するような意味での出資者の社団法人というよりも、そこで働く従業員の共同体的な性格を強めていきます。イーストマンの死後コダックを率いたフランク・ラブジョイは、あるとき従業員に向けたスピーチで「〝会社〟とは何でしょうか？」と問いかけて、「会社は経験と原則を多年にわたって育て貯えたもの、その蓄えが人々の集団に――おそらくまた集団に浸みわたっている魂に、いのちを吹き込んだものです」と答えたそうです（150頁）。これまた日本型システムの中で育った日本人には大変親近感あふれる表現です。

†コダックの協和主義

終戦直後からコダックは繰り返し外部の産業別労働組合による組織化攻勢を受け続けましたが、ほぼ常にそれを撃退してきました。それはなぜか。「（CIO初代会長の）ジョン・L・ルイスがゼネラル・モーターズの高慢ちきの経営者を「労働者階級を爪牙《そうが》にかけた経済ボス」と糾弾したのを聞いて、奮起したコダック労働者がどれだけいたか」は疑わしい。「ルイスの言い回しがいくら強力でも、コダックには、ゼネラル・モーターズのような企業にみられた労働者と管理者を分かつ社会的な亀裂がなかった」からです。「身分上の差別を減らすためにコダックは、管理者に特別のボーナスを支払うということをやらず、すべての給付プログラム（休暇を含む）を全社一律に運用し、そして監督者には「〃俺のために〃でなく〃俺と一緒に〃かくかくの仕事をするのだと部下にいうよう教え込んだ」からです（160―161頁）。このあたり、終戦直後の日本で盛んに行われた工職身分差別撤廃闘争や、労働経済学でいう「ブルーカラーのホワイトカラー化」を彷彿とさせます。社会全体の流行としてそれをやった日本と異なり、コダックはアメリカ社会全体の大勢に抗してそれを貫いたのです。

そうなると、まさに戦後日本で起きたのと同じ現象、他社の労働者との連帯意識よりも自社との連帯意識が強まります。「こうしてコダックの協和主義が会社内部の裂け目を接着していくと、そのぶんこの会社で働く者とロチェスターの別の会社で働く者とのギャップが拡大する。……同じ地域社会にいる他の労働者たちにたいしてよりも、自分が働く会社にたいしてより大きな連帯を感じるように仕向けること、この点でコダックは驚くべき成功をとげたのだった。終身雇用への見込み、寛容と慈悲の経営陣、揺りかごから墓場までの給付、これらが「ビッグ・イェロー」を、入るに望ましくそして離れがたい働き場所にした。この会社はウェルフェア・キャピタリズム追求の先達であり、他の多くの先頭企業がとくに大恐慌期に陥ったような、進歩的な諸策の放棄をけっしてしなかった」（161頁）のです。とはいえ、この感動的なストーリーはその後意外な結末を迎えるのですが、その前に三社のケース・スタディを踏まえてジャコービィが産業別組合運動との対比で論じているところを見ておきましょう。同書の理論的部分です。

「一九五〇年代までに、産業別労働組合運動と現代ウェルフェア・キャピタリズムとは、別個ではあるが互いに重なり合う雇用システムへと凝結してきていた。労働組合のほうからの接近は、合法性と産業単位での結束を強調しながら労使間の揉め事の力学を映し出した。他方、ウェルフェア・キャピタリズムは仕事場の協同の側面に力点を置き、そして本来的に心理的な要素を重んじ、かつ企業という枠組みに固執した」（391頁）。一見極めて対極的な両者ですが、その個別要素にまで下りていくと、実はお互いによく似ているとも言えます。組合を有する企業には「職場における管理者の裁量を制限する諸規則」や「団体協約に明記されて苦情処理機構の複雑な手続きを通して施行される諸規則の網」が張り巡らされたのですが、それはコダックが会社主導でやったこととほとんど変わりありません。違うのは「そうした規則を増殖しながら団体協約が肥大化」し、「交渉に費やすコスト」が増大し、「この複雑なシステムを裁くプロとして法律家が繁盛」したことです（392頁）。

しかし、組合のある企業がコーポラティズム的な共同社会を作ろうとしても、（日本の企業別組合と異なり、アメリカの産業別）労働組合はそれに反対したので、両者の収斂という方向にも向かいませんでした。

†雇用と所得、どちらが重要か

その後起こったのは、産業別組合運動の失速です。ジャコービィはそれを時代の変化に乗り遅れたものととらえます。「産業別労働組合の制度は、ダーウィン流にいえば、一九三〇年代、一九四〇年代の環境に適合的であった。つまりこの時代の社会状況とテイラー主義的な寡頭体制によく「適応」したのである。……ところが一九六〇年代に入り、また特に一九七〇年代以降になって、ビジネスを取り巻く環境は変化し始める。……そしてかえって、組合不在セクターのほうが、一九七〇年代、八〇年代の脱工業化の現実にたいしてライバルより高い適合性を示したのである。この時代に産業別労働組合は急速に退潮し、他方で現代ウェルフェア・キャピタリズムは、従来の境界を越えてテクノロジーやサーヴィスを主体とする新しい成長企業グループに浸透していった。……わが国大企業体制のなかにおいて、現代ウェルフェア・キャピタリズムは現代労働組合に対して勝ちを制したごとくであった」(394頁)。そしてついに、「労働組合がある企業は次第に、若い大学卒労働者の最良部分を惹きつけることができなくなり、代わって組合不在企業が、より望ましく関心深い働き場所だと見られるようになってきた」(408頁)のです。

現場管理者の裁量を抑制するという点でよく似た産業別労働運動とウェルフェア・キャピタリズムが対照的な姿を示すのは、雇用保障と所得保障のどちらを重視するかという点でした。

「かつて大産業企業がレイオフ・システムを選好して雇用安定を拒否してきたところで、今や組合がそうしたレイオフ・システムに磨きをかけて先任権への依存をむしろ強めた。大恐慌を背後において新しい労働組合は、雇用の保障とりわけワークシェアリングを嫌い、所得の保障——先任権と結びつけたレイオフ・再雇用のシステム、および失業保険が支払われる仕組みの方を喜んだ」のに対して、「組合不在の大企業は、ワークシェアリングおよび他のレイオフ回避手法をつうじて雇用保障を取り入れた」のです（417頁）。最近の用語でいえばフレクシビリティとセキュリティをどう組み合わせるかという問題です。「先任権に基づくレイオフは組合がある企業に、需要が落ち込んだとき急速にコストをカットする手段を与えた。しかしそんな柔軟性は、同時に他の面における硬直性を引き起こした。先任権はレイオフばかりでなく昇進や賃上げも統御するようになったからである。新しい産業別組合は先任権を、産業内部でそれぞれ独自の賃金率を持つ諸職務連鎖に沿って移動する際の基礎に据えさせた。そこでは分業がしっかり固定され、雇主がレイオフに代わるものとして職務枠を超える訓練、配転、職務の再構築を図ることを困難にしていた。結果として組合セクターは、一貫してレイオフへの依存を強めることになった」（418頁）のです。

これを裏返すと賃金の下方硬直性という問題になります。景気調整手段として賃金カットがとれない分、レイオフに頼らざるを得なくなるというわけです。「対照的に、非組合セクターでは賃金がもっと柔軟だった。……その上、組合不在の雇主は、職務にでなく個々人の作業評定と結びつけた支払を、職務ベースの給与に付加したがった。たとえばコダックでは、職務評価と成文化された個々人の評定が一緒にされて、そのために労働の質、多能性、確実性などの「メリット」要因が支払われる賃金のかなりの部分を占めるようになっていた。メリットによる格づけは賃金格差を増大させ、部下に対する上司の権力を強めたが、だがまた、労働者にレイオフの代わりに複数職務訓練や配置転換をほどこすことが容易になって、報酬の構造と職務の構造のつながりを弱める結果をもたらし」ました（418―419頁）。ここでも、アメリカの組合不在企業の特徴と日本の企業別組合のある企業の特徴が見事に重なり合っています。

†コダックと富士フイルム

こうして同書は、長きにわたる雌伏《しふく》の時期を経て、ついにウェルフェア・キャピタリズムが勝利したというストーリーで幕を下ろすかに見えますが、そうは簡単に問屋が卸してくれません。最後の最後にどんでん返しが待っています。いや、滅亡寸前の産業別労働組合が息を吹き返したわけではありません。両者併せて、二〇世紀アメリカ労働社会を彩った内部労働市場型のあり方そのものが、世紀末に近づく中であっさり放り捨てられるに至ったのです。「一九八〇年代から九〇年代にかけて、ウェルフェア・キャピタリズムは大恐慌以来の最も厳しい試練にさらされた。競争の激化と急速な技術変化が、アメリカ産業全体に大量のレイオフを招来した。これまで大きなレイオフを体験していない組合不在企業が、何千という従業員を街頭に放り出した。コダックは一九八〇年代までに、かつては競争者のいなかった市場で高コスト生産者になってしまい、一九八五年から九四年にかけて一万二〇〇〇人以上の労働者を犠牲にした」（429頁）のです。

もっとも、原著が出版された一九九七年の段階では、まだ「コダックは――レイオフを断行……するにもかかわらず――依然ロチェスター地域に数千の従業員を擁し、相変わらず自らを産業「ファミリー」と呼称するのである」（431頁）と描写できていましたが、読者諸氏周知の通り、コダックは二〇一二年に経営破綻しました。その後再上場をはたしますが、再起にあたっては相当の規模縮小を余儀なくされました。

アメリカ型ウェルフェア・キャピタリズムの旗手だったコダックと、デジタル技術革新をくぐり抜けて今なお世界企業として活躍している富士フイルムとは何が違ったのか。最後の最後のどんでん返しのそのまた後日譚は、最後のページを繰ったその後に、様々な思いを沸き立たせます。

ノンユニオンという帰結

第9講で取り上げたブルーストーン父子は、ジョブ・コントロール・ユニオニズムのまっただ中で活躍してきた組合活動家の父と労働経済学者の息子が、まさにそのジョブ・コントロール・ユニオニズムの欠陥をこれでもかとあげつらい、極めて日本的な純メンバーシップ型の企業のあり方を称揚《しょうよう》するという本です。曰く、労使関係は敵対的で、細分化した職務をがんじがらめの規則で縛り、監督がごみを拾うことも許されず、労働者は製品の品質に関心を持たない。だから日本に負けるのだ（原著は一九九二年刊行）というわけで、日本のやり方に学べというのが同書のメッセージでした。

そこまで言わなくても、一九九四年のダンロップ委員会報告はワグナー法を改正して協調的労使関係を容認しようというスタンスを示していたのです。しかしそれも労働組合の猛反発で潰え、その後日本型システムへの礼賛も消え失せ、同書も今や古めかしさ溢れるものとなってしまいました。

このように、アメリカのジョブ型についてはいささか素直でない視点からのものが多くなってしまいましたが、結果的に今日のアメリカ労働社会は、ノンユニオン型のジョブ・

コントロールなきジョブ型社会に落ち着いたと言っていいでしょう。そこでは職務評価や格付けは市場ベースで行われ、ヘイ・システム*などの人事コンサルタント会社がその担い手となります。

＊ヘイ・システム（Hay Profile Guide Chart）……組織人事コンサルティング会社ヘイ・グループ創業者のエドワード・ヘイが一九四〇年代に開発したホワイトカラーの人事管理の方法。アメリカの大企業に広く用いられている職務分析、職務評価である。

本書では、このジョブ・コントロール・ユニオニズムの創生期から最盛期の姿を描いた『雇用官僚制』ではなく、その裏側でひっそりと生き延び、やがてユニオンの弱体化とともに勢力を拡大してきたノンユニオン型ないし会社組合型の内部労働市場の歴史を描いた『会社荘園制』を第10講で取り上げました。なぜならそれは意外にも、日本的なメンバーシップ型の内部労働市場と似通った性格を示していたからです。同書の実質的な主人公であるイーストマン・コダックの人事管理とは、一九二〇年代のウェルフェア・キャピタリズムを受け継ぐ「協和主義」であり、企業をコーポラティズム的な共同社会に作り上げようとするものでした。しかし、そのコダックが二一世紀には大規模リストラの末に破綻、規模の縮小に至ったことは、何重にも皮肉を感じさせます。

トレード型の先輩国イギリスでは、二〇世紀になってもそう簡単にジョブ型に移行しませんでした。第9講と第10講では、アメリカのジョブ型の欠陥をあげつらいましたが、そもそもジョブ型とは、企業主導でその管理単位としてジョブを確立するということです。ジョブが確立されないということは、生産活動が労働者主導で行われるということを意味します。

もちろん、かつてのようにトレードが社会的に確立していればいいのかもしれませんが、二〇世紀に、それが次第に崩れてくると、イギリス企業は管理不在の無秩序状態に陥っていくことになります。それが現実化し、国政の最重要課題となったのが一九六〇年代でした。一九六五年にドノヴァン委員会が設置され、一九六八年にその報告書が出されます。

第8講のフランダース『イギリスの団体交渉制』は、彼がドノヴァン委員会に提出した文書がもとになっています。その問題意識は、企業外のトレード・ユニオンとの集合取引の存在感が希薄化し、事業所レベルのショップ・スチュワード（職場委員）との職場交渉が重要になってきているのに、そこにトレード・ユニオンの統制が及ばず、無政府状態になっているということでした。そこで、企業外部のトレード・ユニオンなんかではなく、現に会社の中で職場の実権を握っている従業員を正面から相手にしろと説くのです。

我々日本人からするとすべてがあべこべの議論に聞こえますが、企業外部のトレード・ユニオンとは集合取引をしてもいいけれども、企業内の従業員たちと対等の交渉をするのは絶対にいやだというのが、当時のイギリスの企業経営者たちの発想だったのです。

そこに日本的な、あるいはドイツ的な「パートナーシップ」という発想を打ち込もうとしたのが、順序は逆になりますが、第7講で取り上げたコール『労働者　その新しい地位と役割』でした。コールにはウェッブ夫妻と並んでイギリス労働問題の古典的著作が山のようにありますが、その中で同書は、(ウェッブ夫妻にとっては集合取引中心の仕組みを意味していた)「産業民主制」を、政治的民主主義とパラレルに、企業内部での経営参加を意味するものとして捉え直します。企業を一個の労働者コミュニティとして描き出そうとするのです。しかし、このコールの理想は実現するどころか、イギリスでは監督者の権威が失われ、労働者がろくに仕事もしないで、いい加減にやっても放置されるというひどい状態に陥っていきました。

その後の紆余曲折を経て、とりわけサッチャー、メージャーの保守党政権一八年間に労働運動の力をそぎ落とす立法政策がとられ続けたこともあり、イギリス労働運動は見る影もないほど力を失いました。今やイギリスは、対決型の労働運動も弱ければ、パートナーシップ型の労使関係もない、アメリカ同様にノンユニオン型の社会になってしまったようです。

第11講　労働者自主管理という理想像の逆説

エドモン・メール、佐藤敬治訳
『自主管理への道』
総合労働研究所、一九七九年

【受講準備】

†仏の労使の距離感

英米独の本が続いた中で、初のフランス本となります。

この本を読む前に、フランス社会における経営と労働の距離感というものを知っておかなければならない、といえるでしょう。今でもグランゼコールというエリート養成機関の卒業生たちが、政治・経済を牛耳り、労働者寄りの政党の中堅幹部にまで人材を輩出しています。彼らエリートから労働の現場は見えづらく、もちろんその逆に労働者からも経営は視認性が低い。

そこで、たとえばドイツ同様に従業員代表制を設けていますが、これが三つの常設委員

会という大掛かりなものとなっています。そこでは、「そんなことまで確認しなければならないのか」というほどの些末な経営情報まで諮問を受けることになります。それだけ、経営とは労働者からわからないものであり、と同時に、こうした労使共同決定システムさえも、形骸化して無意味になっているか、もしくは、労働側が単に経営の動きを止めるためのデモンストレーションに成り下がっているといえそうです。

こんな視界不良が広まる労働者たちが、労働意義を取り戻し、自律的に働くことを訴えたのが同書となります。

エドモン・メール（一九三一―二〇一七）はもともと化学の技術者で、キリスト教労働者同盟（ＣＦＴＣ《セーエフテーセー》）におけるリーダーの一人でしたが、一九六四年にＣＦＴＣ《セーエフテーセー》がフランス民主労働同盟（ＣＦＤＴ《セーエフデーテー》）に鞍替えするとともに頭角を現し、一九七一年にＣＦＤＴ《セーエフデーテー》のトップである書記長に就任以来、一九八八年までその任にありました。

【本講】

†労働運動の思想的分裂

　ここまで取り上げてきた本に、フランスのものは一冊もありませんでした。それは、これぞフランスの労働運動の神髄だと言えるような適当な本が、少なくとも翻訳書にはほとんど見当たらないからです。というと不思議に感じるかもしれませんが、戦後フランスの労働運動は五大労組体制の下で思想的には分裂しており、イギリスのTUC、アメリカのAFL－CIO、ドイツのDGB《デーゲーベー》のような、その国を代表する労働組合というのは存在しなかったのです。長らく最大労組は労働総同盟（CGT《セージェーテー》）でしたが、これはフランス共産党の影響下にあり、その主張はソ連型マルクス・レーニン主義の用語がちりばめられ、読んで面白いものではありません。

　CGT《セージェーテー》は、もともと一九世紀末に結成された頃は、政治からの自立を掲げるサンディカリスム＊に立脚していました。初期には労働法制にも敵対的なアナーキズム的性格の強い革命的サンディカリスムが多数派でした。第一次大戦後は、レオン・ジュオー率いる改良主義派が主導権を握り、アナルコ・サンディカリストと共産主義者が統一労働総同盟（C《セー》

GTU《ジェーテーユー》）として分裂しますが、人民戦線時にCGT《セージェーテー》に再統一しました。

＊サンディカリスム……労働組合至上主義。労働組合が企業経営や国家運営まで携わることで社会革命を起こし、労働者が最大限に報われる社会を目指す。20世紀の初め、フランスで生まれた変革のための思想である。プルードンが唱えた無政府主義とマルクスが奉じる階級闘争理論の影響を受けている。

第二次大戦後はCGT《セージェーテー》内で共産党系が主導権をとり、少数派となった改良主義派のジュオーらが「労働者の力」（CGT《セージェーテー》－FO《エフオー》）として分裂します。このため、多数派のCGT《セージェーテー》はソ連系の世界労働組合連盟（世界労連＊）に加盟したのに対し、少数派のCGT《セージェーテー》－FO《エフオー》がイギリスのTUC、アメリカのAFL－CIO、ドイツのDGB《デーゲーベー》とともに、国際自由労働組合総連盟（国際自由労連＊）に加盟するという変則的な姿になりました。

＊世界労働組合連盟（世界労連）……世界労働組合連盟。共産主義色が強い労働組合の世界組織である。旧共産圏がその主体となっていたが、イデオロギー的対立があった中国とユーゴスラビアは脱退。ソ連崩壊と東欧諸国の体制転換で退色著しい。

＊国際自由労働組合総連盟（国際自由労連）……国際自由労働組合総連盟。一九四九年に、冷戦の影響もあり、それまで世界労連に加盟していた労働組合のうち、アメリカや西ヨーロッパの労働組合を中心に結成された。東西冷戦終了にともない、世界労連に加盟していた組合も加

盟し、世界最大の労組組織になった。二〇〇六年、国際労働組合総連合（ITUC）を結成するために解散。

ちなみに、日本ではほとんど紹介されていませんが、ジュオーは一九五一年にノーベル平和賞を受賞しています。労働運動家ではほかに一九八三年のレフ・ワレサ（ポーランド自主労組「連帯」）だけで、しかもワレサは共産主義体制への抵抗に着目した受賞ですから、労働組合活動それ自体での受賞者はジュオーだけです。

なかなか話が本題に入りませんが、フランスのナショナルセンターには、第二次大戦直後にカードル（ホワイトカラーの管理職・専門職）など上級労働者層を組織して結成されたカードル総同盟（CGC《セージェーセー》）の流れもあります。

また、こうした流れとは別に、キリスト教労働運動に始まる系譜もあります。本書第6講でドイツのフォン・ケテラー『労働者問題とキリスト教』を紹介しましたが、フランスでも第一次大戦直後にキリスト教労働者同盟（CFTC《セーエフテーセー》）が結成され、活動を続けていました。ところが一九六〇年代になって宗教色を脱してフランス民主労働同盟（CFDT《セーエフデーテー》）となり、宗教性の維持を求めた少数派がCFTC《セーエフテーセー》として分裂したのです。

†労働者自主管理と企業内労使関係

今回紹介する『自主管理への道』の著者エドモン・メールは、このCFTC《セーエフテーセー》が世俗化したCFDT《セーエフデーテー》の書記長を、一九七一年から一九八八年まで二〇年近く務めた人です。同書は原書が一九七六年に刊行され、訳書は一九七九年に刊行されていますが、当時CFDT《セーエフデーテー》の掲げる労働者自主管理の思想は日本でもかなり人気がありました。今となってはわかりにくいその構図を解説しておきましょう。

戦後日本の労働運動は、英米独のように統一されずに、思想的に分裂していたという点ではフランスと共通しています。ただし、終戦直後に社会党系の総同盟と共産党系の産別会議に分かれた後、GHQの主導で総評が結成され、いったん統一します。しかしすぐに海員組合や全繊同盟など右派組合が脱退し、これが同盟として左派の総評と対峙します。同盟は国際自由労連に加盟し、改良主義派だと言えます。ところが一方の総評の中にもさらに左派と右派があり、左派は共産党や社会主義協会と近いマルクス・レーニン主義ですが、右派はそうではありません。この総評右派と言われるグループが、民社党とも共産党とも違う思想として一九七〇年代から八〇年代にかけての時期にもてはやしたのが、労働者自主管理の思想だったのです。

当時日本によく紹介されたのは、一つはユーゴスラビアの自主管理社会主義＊ですが、実はすでにその頃から機能不全に陥りつつあり、一九九〇年代には民族紛争でユーゴスラビアという国自体が消滅してしまい、今ではほとんど忘れられています。

＊自主管理社会主義……企業内の最小単位である「職場」を重視する型の社会主義。自主管理とは上からの抑圧的管理に代わる労働者階級による下からの管理のことで、別名「労働者管理」ともいう。

もう一つがフランスにおける労働者自主管理に係る議論で、『自主管理への道』のほか、ピエール・ロザンバロン『自主管理の時代』（新地書房）が訳されています。これが最高潮に達したのは、フランスでCFDT《セーエフデーテー》が支援する社会党のミッテラン政権が一九八〇年に誕生した時です。しかし、その後は急速に関心が失われていきました。それは、フランスで労働者自主管理が訴えられなければならなかった社会の現実が、日本とはまったく異なっていたからだと思われます。

CFDT《セーエフデーテー》の自主管理思想が現実政治の中で労働法制として現実化したのは、ミッテラン政権下でオルー法として制定された企業内労使関係システムの強化でした。そしてその後も政権交代を繰り返しながらも、この企業内労使関係の強化という方向性は今日に至るまで変わっていません。二〇一七年のマクロン政権による労働法改革も、企業別協定を産業別協約の上位に置き、企業レベルの従業員代表機関を統合するなど、企業別主義を貫いています。今やフランスでも自主管理という言葉はほとんど使われませんが、自主管理思想がもたらした企業内労使関係の確立という方向性は強まる一方です。

ところが皮肉なことに、その企業内労使関係こそが、戦後日本労使関係システムの基盤であり、一九七〇年代から九〇年代にかけての時期に日本型雇用システムの柱の一つとしてもてはやされたものなのです。

その根底には、戦後確立した日本型労使関係の出発点に終戦直後の生産管理闘争などの、ある種の強烈な労働者自主管理思想があり、それをうまく取り込む形で、労働者の小集団が職場の主人公として経営改善に取り組んでいくという仕組みが作り上げられたという経緯があります。そしてむしろそういう労働者自主管理的なままでの企業中心主義が一九九〇年代に左右両派から批判を浴びるようになる中で、やや無気力に維持され続けているのが企業内労使関係というのが今日に至る状況です。

このあたりの、日本独自の文脈における自主管理思想の持った意味については、もっと広い観点から分析される必要があるとは思いますが、とりあえず同書を紹介することで、その糸口をつけてみたいと思います。

†労働者を責任ある俳優に

自主管理思想が批判の対象とするのは共産党的な権威的官僚的社会主義と社会民主党的な改良主義的社会主義です。フランスの文脈ではCGT《セージエーテー》とCGT《セージエーテー》－FO《エフオー》ということになります。それは、それらが疎外された労働という根本問題から目を背け、職場における使用者と労働者の間の権威的関係自体には何ら手を触れようとしないからです。

「実際には、労働者は、自分自身の企業では独立性のない、自主性のない現実的責任をもたない歯車である。……大部分の労働者たちは、自分が毎日八時間、あるいは、それ以上過ごしている場所を、今まで妻や子供たちにみせて、〝私の仕事は、こういうことなんだ、こういう人や、こういう環境で仕事をしているんだ〟ということも、いえなかったのだ。

……

企業は、労働者には、まさしく基本的には外面的であり、かつ外国人――ほとんどの企業が労働者に対して敵意を示すという意味において――である。なぜならば、企業は、労働者の目的でない目的を遂行しているからである。

……確かに余暇を通じて、幸福になることはできるが、余暇は、しばしば一種の逃避や忘却の探索でしかなく、自分の労働力を復活させる手段でしかない。しかし、余暇によって労働時間中の興味の欠如を回収することはできない」(21—23頁)。

自主管理思想が求めるのは、企業の歯車ではなく、企業の主体であるような労働者像です。「今日、資本的生産関係に従属しているすべての労働者にとって、会社の首脳陣の所有権の改革や重役改革が行われたとしても、明日においても労働者は単なる労働力の売り人であり、労働の資本的分割が廃止されず、資本的生産関係が存続する限りは、本質的なものは何も変わらないか、あるいは連帯性を持たないことは明白である。社会主義は、資本家の社長を社会主義者の社長に置き換えることではない！　社会主義を建設することは、まず個人と集団が発言と主体性を再発見し、その二者間に自由かつ平等な関係を確立できるような生産関係の変革を行うことである」(45—46頁)。

それをメールは「労働者たちを、彼らの運命全体の責任ある俳優にする」とか「労働者たちが自分自身のために自分自身で行政を行い、自分自身で方針を立てる」と表現します。そんなの当たり前じゃないかと、日本人なら労使双方とも思うでしょうが、フランスの現実はまったくそれとは正反対だからこそ、こういう言説が革新的な意味を持つ言説になり得るわけです。

「企業に関しては、企業の上層部だけが——そしてそれだけで——実際に決定できるために、情報が上層部の方に集中するように企業は組織化されている」(140頁)。

その企業上層部は、現場を知らないエリートたちなのです。

「企業では、多くの人々が階級や肩書きを所有している。すなわち、彼らは、彼らの知識が労働に役立たなくても、学士証明書を持っているとか、教育を受けたとかいう理由のためにのみ、命令する権利を所有している。知識が上司の役割を正当化しているのである」（135頁）。

その結果、現場の労働者はやる気を失います。

「今日から、諸君たちは、若い技師よりも、彼らの機械の仕組みについてよく知っている特殊工員たちに出会うであろうし、従属関係にもかかわらず、作業場や生産ラインの機能の改良点を見出すことのできる素人工員たちにも出会うであろう。……もし今日、多くの労働者たちが新しいものを想像する態度を示さないのは、そうすれば、彼らは反発を食う危険性があるからである。……このように、すべての創造性、つまり革新への能力（自主管理の本質的特徴）は、階級的構造によって束縛されている」（138―139頁）。

†あべこべの世界

ここまで読んでくると、自主管理思想の理想郷は戦後日本社会だったのか？　と思わず言いたくなります。あるいは、第7講で取り上げたG・D・H・コールの『労働者――その新しい地位と役割』における「パートナーシップ」の称揚を思い出した人もいるかもしれません。

いずれにしても、フランス自主管理思想はフランスなりの文脈において、学歴がそのまま職業資格として権威的指揮命令関係を正当化し、集団的労使関係は企業の外側にのみ活発に存在し、企業内には入り込めないような労働社会のあり方を根本から変革するという問題意識に基づいて発展してきたものです。

しかしそれを労働運動の政治的枠組みの都合で出羽《でわ》の守《かみ》(「海外では」と、何かにつけて外国の例を引き合いに出して語る人を揶揄する言葉)よろしく、輸入した先の日本の労働社会は、それとはまったく別の文脈で動いている社会でした。集団的労使関係はほとんど企業内にしか存在せず、それも具体的な職場レベルでの人間的なつながりが大きな役割を持ち、企業内での経験による知識が企業外教育による知識よりも重視されるような、あべこべの世界です。そのあべこべの世界では、フランスでは上述のような労使関係の企業内化という革新的な役割を果たした自主管理思想は、現に存在する日本型労使関係の正当性を弁証するという保守的な役割以外を果たせる可能性はなかったのかもしれません。

一九九〇年代以降、日本社会における言説の主流は、労働者が自主管理的に企業に一体化し、猛烈に働く有り様を、「会社人間」とか「社畜《しゃちく》」と批判する(左派的な)思想と、企業が労働者集団によって自主管理企業まがいに経営されている状況を市場原理から厳しく批判する（右派的な）思想になりました。そういう時代には、労働者自主管理などという考え方は、（実のところ労使のかなり多くの部分が内心は支持しているとしても）とても恥ずかしくて表立って主張しにくい代物になってしまった感があります。

一九七〇年代に労働者自主管理に関する論文をいくつも書いていた中谷厳が、一九九〇年代には竹中平蔵と並んで市場原理主義のイデオローグとして活躍したことは、二〇〇八年ごろから再び一八〇度転換したこととも併せ、時代の変遷を感じさせます。

おそらく今の若い世代は、四〇年前に「労働者自主管理」が論壇のホットトピックであったことすらほとんど知らないでしょう。今となっては当時の熱を偲《しの》ぶよすがもほとんどありませんが、思想と文脈という問題を考える上で、大変興味深い実例であることだけは間違いないと思います。

復習ノート4

自主管理思想の理想郷とは

本書ではここまでアメリカが四冊、イギリスとドイツが三冊ずつなのに対して、フランスは一冊しか取り上げていません。第11講のメール『自主管理への道』の冒頭にその理由を述べましたが、もともとサンディカリスムであったフランス労働総同盟（CGT《セージェーテー》）が戦後共産党系になってしまい、その文書も読んで面白いものではなくなってしまったからです。ただ、もともとカトリック系だったCFTC《セーエフテーセー》（キリスト教労働者同盟）が宗教色を脱して結成したCFDT《セーエフデーテー》（フランス民主労働同盟）が一九七〇年代以降掲げてきた労働者自主管理思想は、当時日本で左派系の研究者によってかなりもてはやされましたが、今やほとんど忘れ去られていることもあり、取り上げる値打ちがあります。

自主管理思想が求めるのは、企業の歯車ではなく、企業の主体であるような労働者像です。現場を知らないエリートたちではなく、現場の労働者が企業経営に関わるような社会のあり方です。コールが『労働者——その新しい地位と役割』（原題の直訳は『労使パートナーシップの論拠』）の中で描き出した労使パートナーシップの世界ですが、集団的労使関係は企業外にしか存在せず、労働組合が企業内に侵入することを権威的な経営者が拒んでいるようなフランス社会であればこそ、その求めは急進的な形になります。

ところが、戦後日本社会はこれとは正反対で、集団的労使関係は企業内にしか存在せず、労働組合が企業内で完結することを経営者が求めているような社会です。そして、現場の労働者が創意工夫をこらして経営に参加していくことを奨励する、その名も「自主管理活動」が、企業主導の形で大々的に進められたのです。何というあべこべの世界。ここまでくると、そろそろ本格的に戦後日本の労使関係のあり方を正面から取り上げなければならなくなります。

第四章

片翼だけの労使関係

さあ、いよいよ、日本の労使協議の仕組みを俎上に上げて考える章です。

社外（集合取引）→社内（共同経営）という両翼がどのように出来上がってきたか、辿って来ました。前章では、英米を中心に、集合取引だけで貫いた労働運動の挫折を描いています。

そして本章は、その正反対。外につながらない労働組合が、社内だけで労働運動を続けるという片翼飛行は、どのような帰結を見せるのか。協調、なれ合い、そして組合弱化。そうした将来は、なんと六〇年近くも前に、もう見えていたのです。

第12講　従業員組合のアンビバレンツとその帰結

藤林敬三
『労使関係と労使協議制』
ダイヤモンド社、一九六三年

【受講準備】

†争議の現場をよく知る研究者

労働者と使用者との多様な関係を総称したもの、それが労使関係です。それは、社外と社内の両方にある。それぞれ、どのように有効な仕組みを作ろうとしてきたかをたどったのが第一章から第三章で見てきたところです。

内と外という分け方と合わせて、その機能と意義を考えると、社外＝労働条件向上のための〝闘争の場〟であり、社内＝労働・雇用に関する協議・承認という〝融和の場〟でもあります。日本では、社外の労使関係がほぼない状態で、闘争と融和の両方が企業内に持ち込まれたことで、多々、日本らしさが生まれてしまいました。

日本の古典的な書で、日本的な労働思想の特徴について概観しましょう。本講義で取り上げる藤林敬三（一九〇〇―六二）の『労使関係と労使協議制』は、冒頭にその本質をこう書きます。

「労使関係の「型」についての議論がさかんに行われているが、それだけではその何たるかは理解できない。そうではなくて、まずその本質について議論すべきである。その本質は、親和的な「経営対従業員関係」と対立的な「経営対組合関係」の二元的関係にある」

碩学《せきがく》ほどシンプルなモデルで事象をとらえるもの。その単純明快さに膝を打つはずです。

藤林は大阪で生まれました。慶應義塾大学経済学部を卒業し、同学の教授を長く務めました。経済学部長、産業研究所所長など、慶應の要職を歴任する一方、（労働紛争の調整と解決にあたる国の機関である）中央労働委員会の会長も約三年間務め、労働争議の斡旋を行いました。争議調整の実績は二五〇件を超え、戦後最大規模といわれる三井三池争議（一九五九―六〇年）も担当しています。

戦時中は軍に召集され、看護兵として中国各地の病院を転々としていました。要は象牙の塔にこもる研究者ではなかったわけです。同書は藤林の遺作であり、その完成を見る前に、不帰の人となりました。

【本講】

†労使関係は二元的である

ようやく日本の古典の登場です。実を言うと、日本の労使関係に関する古典的な著作というのはかなりあるのですが、諸外国と比べた日本の労働社会の特徴を本当の意味で浮き彫りにするようなものはそれほどないのです。その中で、今ではほぼ完全に忘れられた本ですが、日本の労使関係の本質を深く省察した名著として挙げられるのが、六〇年近く前の一九六三年九月に出版された藤林敬三の『労使関係と労使協議制』です。

藤林は戦前から活躍した労働経済学者ですが、戦後は神奈川地労委、そして長らく中労委の委員を務め、最後は中労委会長として一九六二年に亡くなり、その遺稿をまとめたのが同書です。同書の巻末には藤林が取り扱った膨大な数の争議事件が並んでいます。それだけのあっせん、調停、仲裁を通じて、日本の労使関係の本質というものを徹底して考え抜き、その精髄を同書に注ぎ込んだといってよいでしょう。

同書の冒頭で、藤林は「労使関係は本来二元的関係である」といいます。そしてそのことが必ずしも明確に指摘されてきていない点に問題があるというのです。二元的関係とはどういうことなのでしょうか。藤林はＩＬＯ第九四号（労使協力）勧告を引いて、労使関係には団体交渉によって維持される関係と労使協議によって維持される関係があると説きます。ＩＬＯでは後に一三五号（労働者代表）条約が制定され、ＥＵ諸国では様々な従業員代表制が立法されていることを考えると、これは国際的な観点からは自然な考え方と言えます。藤林はこの二つの関係を第一次関係と第二次関係と呼びます。

「私のいう第一次関係というのは、いいかえれば経営対従業員関係を意味し、第二次関係というのは経営対組合関係を意味している。そしてこの第一次関係と第二次関係をさらに別の見方からすれば、第一次関係すなわち経営対従業員関係は、元来が労使の親和、友好、協力の関係である。これに対して第二次関係すなわち経営対組合関係は、もともと賃金ならびに労働諸条件、すなわち団体交渉の中心的な事項を対象としている。これらの労働諸条件の維持・改善を中心にして考えれば、労使は明らかにここで利害が対立している。したがって労使の利害対立、ときには労使が相争う関係がここで考えられなければならない。このように第一次関係、第二次関係を区別してみると、この二つの関係は性格上まったく相異なるものであるといわなければならない」（８頁）。

「この第一次関係と第二次関係との性格上相異なる二元的な関係が、具体的には個々の企業の労使関係のなかにおいて、ときには明確に区別され分離されたうえで、労使関係が安定している場合もある。あるいは、この二つの関係が明確に区別され分離されることなく、からみ合って不分離の状態で存在している場合には、その労使関係は、ときに非常な曖昧模糊たる状態であり、また非常に矛盾した複雑微妙な関係を示すような状態である」（9頁）というのが、藤林の洞察です。

†日本と欧米、最大の違い

半世紀以上前の日本はまだまだ集団的労使紛争が多く起こっていた時代です。それに対して今日の日本は、いわゆる駆け込み訴えのようなものを除けば、純粋な意味での集団的労使紛争はほとんど跡を絶ってしまったような状態です。しかし、その両者を統一的に説明する原理として、この藤林の二元的関係論ほど有用なものはないように思われます。彼が曖昧模糊とか複雑微妙と評した当時の労使関係の姿を見てみましょう。

当時も現在も、日本の労働組合の圧倒的大部分は企業内組合です。

「わが国の場合は、その多くがいわば特定の会社ないし事業所の従業員だけで労働組合を形成している。したがってこのような労働組合は、名は労働組合であるが、明らかに形態上は従業員組合であり、あるいは一九二〇年代にアメリカで多く存在したカンパニー・ユニオンと同じような会社組合であるというふうにみられるふしがある。……こういう形態上の相違は、これを労使関係上の問題としてみると、そこにいちじるしい特徴のある問題点が明らかにされることになる」(19頁)。

ここからが藤林理論の神髄です。

「わが国の労働者が特定会社の従業員として形成している労働組合と経営との関係は、それが組合である以上は、私のいう経営対組合関係、すなわち労使関係の第二次関係であるようにもみえる。しかし、その組合が従業員の組織であるという点から見ると、それは経営対従業員関係を示すようにもみえる。すなわち第一次関係がそこに存在するようにもみえる。明らかに日本に普通みられる企業ないし事業所ごとに成立している労働組合と経営との関係は、このような第一次関係と第二次関係の両面を同時に含んでいるように思われる。また事実そう考えてよろしいと思う。したがって、このような労使関係は、私のいう労使関係の第一次関係と第二次関係とが混在し、いわば癒着し、不分離状態にある」(19—20頁)。

欧米社会では、横断的な産業別組合、職能別組合が団体交渉、すなわち労使の利害対立を前提とする第二次関係を担当し、労使協議制が労使の協力を前提とする第一次関係を担当するという形で両者が明確に分離されていますが、日本ではこの第一次関係と第二次関係が混在、癒着、不分離という状態にあることを指摘し、この点に日本の労使関係の(欧米社会との）最大の違いを見いだした点に藤林の洞察があります。「日本の労使関係、ことに経営と企業内労働組合との関係には、争う関係か争うべからざる関係か、そのいずれともつかないような事態の存在することは、きわめて明瞭」なのです。勘違いしてはならないのは、これは日本の企業内組合をアメリカのカンパニー・ユニオンと同一視するある種の左翼的議論とはまったく違うということです。「しかしそれは必ずしも経営者が意図して御用組合的に暗に組合をつくらせた結果であるのではない。従業員自ら自主的につくった労働組合が、かくのごとき存在のしかたと、このような労使関係を維持しているのである。この点をわれわれは、かなり重要視して考えていかなければならないであろう」（37頁）。

†上部団体の存在意義

藤林理論の真骨頂は、当時まで日本の労働運動を彩っていた激しい労働争議とそれにつきものの第二組合＊の発生を、この第一次関係と第二次関係の混在、癒着、不分離からみごとに説明していく点にあります。その手際を鑑賞していきましょう。

＊第二組合……労働組合が方針の違いなどによって分裂した時、新たに結成された組合を、既存の組合に対して第二組合という。

さて、当時も今も企業内労組は産業別連合体の傘下組合であり、その上部団体として(当時でいえば総評等の、現在なら連合といった)ナショナルセンターがあります。

こうした上部団体は「個々の企業にとってはまさに企業の外に厳然として存在する、いわば他人的存在としての労働組合」です。こうした「上部団体の意義はどこに存在するかといえば、そのまま放置すれば労使関係の第一次関係に傾こうとする経営対企業内労組関係を、その企業内労組を外部から指導支援することによって、経営対組合関係としての第二次関係の方向に事態を押しやろうとするところに、外部の上部団体としての労働組合の存在意義がある」のですが、「もちろんこのような上部団体としての産業別連合体組織の存在は、……この会社・工場の経営者を喜ばせはしない」し、むしろ「この上部団体の幹部が団体交渉の当事者として現れてくることを拒否している」のです(41—42頁)。

ここで、個々の企業内組合があえてストライキを行おうというような場合、上部団体の強い指導支援が行われますが、そこで企業内組合の自主性がどうなるかが問題です。

欧米であれば、「個々の会社・工場の従業員は、特定の産業別労働組合の組合員であるかぎり、その従業員の組織は全国的な産業別労働組合の支部、あるいはたんなる分会として存在するにすぎない。すなわち全国的な大労働組合の組織の一部を形成しているにすぎない。組合運動ないしその活動の現われである団体交渉などは、原則として単一組織としての産業別労働組合がこれを行い、ストライキなどの場合にはこの組合の指示にしたがって支部ないし分会が行動を起こすだけのこと」(44頁)です。

しかし日本ではそうではありません。第一次関係にウェートが置かれた企業内労使関係が、上部団体の指導を通じて、第二次関係の方向に引っ張られるという事態になるのです。「したがってこの場合の労使関係は、第一次関係と第二次関係の緊張関係であるように思われる」(46頁)。そうすると何が起こるのか?

「いうまでもなく緊張の度は、上部団体が傘下組合をより強力に指導支援することによって、ますます強く盛り上がる。また反対に、経営者のほうが上部団体の指導から企業内労組を引き離そうと陰に陽に努力を払う場合、この緊張が高まることも事実である」「こういう緊迫の度合が非常に強くなった場合に何が生ずるか。企業内労組の分裂ということが起こる。これが第二組合の発生であることは、読者もよく知っておられると思う」(46—47頁)。この「読者」とは、もちろん、一九五〇年代の労働争議華やかなりし頃の読者です。

†第二組合がなぜ生まれるのか

当時の数多くの激烈な労働争議が、その多くにおいて第二組合の発生という形で収束していったことは、労働運動史を紐解けばほぼすべてのページに描かれています。しかし、それらの叙述の圧倒的大部分は、第二組合を立ち上げた反革命的右派への激しい呪詛《じゅそ》に満ちた左派の歴史家によるものか、あるいは労働運動の原則を忘れた革命的左派を批判する右派の歴史家によるものであり、そこで彼らの価値判断の基軸とされている左右の対立軸は、その企業のその職場で現に起こっていた事態を正確に描き出すどころか、それとはかけ離れたイデオロギー闘争の素材として利用するものでしかなかったように思います。そう、そのとき現場で起こっていたのは、藤林にいわせるとこういうことだったのです。

「この第二組合の発生を企業内労組自体の問題として考えてみると、その企業内労組は上部団体の指示指導を受けて、労使関係の第二次関係のほうにかなり強く働いていたことの反動であると考えられる。しかしその場合、いかなる根拠、またいかなる歴史的な背景で企業内労組が誕生したのか、その企業内労組が産業別上部団体の傘下組合であったとしても、ある程度の独立性・自主性をもっているはずであるから、その独立性・自主性の側からの判断からすると、対経営関係はむしろ第一次関係の傾向を持っていたはずである。ところが、上部団体の指導にしたがってストライキ行動にはいった場合には、第二次関係のほうに強く傾くことになる。そして、労使関係の緊迫の度が非常に強くなるにしたがって、企業内労組の一部がこの緊迫状態の中から逃れ出て、第一次関係のほうにいわば里心を持つようになって、組合が分裂し、第二組合の発生をみるのである」(48頁)。

そう、第二組合とは「従業員」としての「里心」が生み出したものだったんですね。

それゆえ、藤林は「企業内労組という組織が成立しているという事情と第二組合の発生とは、もともと不可分のものであって、企業内労組の存するところつねに第二組合発生の可能性あり、といわなければならない」といい、「左翼の組合運動家たちは、第二組合を雇主の意にしたがった御用組合であるといい、その第二組合をつくり出した人びとを分裂主義者といい、これを非難することにはなはだしく急である」けれども、「事態はむしろ、本質的には企業内労組の成立事情にもとづくもの」(48頁)だと冷静に指摘するのです。

†組合が左傾化する背景

ここから藤林は、当時の日本の労働運動がやたらに左翼イデオロギーを振りかざす傾向のよってきたるゆえんを、これまた犀利《さいり》に分析していきます。しばしその切れ味を味わってください。

「一般的にいって、わが国の労働組合運動はきわめて政治的である。政治闘争は、わが国の労働組合運動にかなり重要な結びつきをもっている。と同時に、わが国の組合運動を推進する労働組合のすべてではないが、とかく左翼社会主義理論に指導されていることが多い。組合内において論争、たとえば組合大会などで展開されている左翼社会主義理論の論争がそれである」「これのよしあしを論ずることは、本章における目的ではない。しかし、客観的な事態としてこれをながめてみると、このような左翼イデオロギーあるいは政治闘争的傾向が、日本の労働組合にとってどのような意義をもっているかについて、いちおう吟味しておく必要があると思う。そして率直にいって、私の理解するところでは、わが国の組合運動にこのような事態がたえず強くまつわりついているゆえんのものは、組合運動の末端が企業内労組であるからであると考えられる」（49頁）。

「すでに繰り返し述べたように、経営対企業内労組の関係は、むしろ労使関係の第一次関係に帰着するように思われる。この場合、第二次関係はごく影が薄くならざるをえないような事態にある」「このような関係にたつ企業内労組を、第一次関係から引き離し、第二次関係の方向に引き上げていくためには、それだけに、かなり強烈な左翼理論を必要とするとも考えられる。わが国の組合運動に、必要以上に左翼理論、イデオロギーが横行しているゆえんのものは、まさにこの点に関連しているのではないかと私には思われる」「政治闘争の場合もやはり同様である。卑近な例では、革新政党の支持をめぐる問題がある。民社党を支持するか、社会党を支持するか、共産党を支持するかという論議が、組合員間にかなり熱心に行われる。これは直接間接に組合員をして、労使関係における第一次関係のなかに眠ってしまわないようにさせる、という点において十分な意義があるものと考えてよい」（50頁）。

一言で言うと、「わが国の労働組合が、もともと企業内労組であることが、イデオロギー論争を非常に強くまき起こしている」（51頁）というわけです。逆に、日本社会には他にほとんど類例のない個人加盟による純粋の産業別単一組合である海員組合は、労働運動界における最右派であり、そして一九七二年の職種別労働協約改定交渉では九二日間の長期ストライキを成功させています。ひるがえって、左翼ぶりっこの企業内労組の労働争議ではどういう事態が展開されるのでしょうか。

†不可避の雰囲気闘争

今ではほとんど記憶されていないでしょうが、かつては「わが国の労働争議が年々労働組合の季節闘争として、そしてこの季節闘争は共同闘争、統一闘争、さらにまたしばしばいわれるようにスケジュール闘争の形において」（106頁）行われていました。藤林は「なにゆえにこのような争議が発生するか」と問い、「これは一種の雰囲気闘争である」「ムード闘争である」と答えます（107頁）。ではなぜ、そのような雰囲気闘争、ムード闘争が必要になるのか？　再び藤林節が炸裂します。

従業員組合には「本来、基本的に労使の対立が芽生えがたい。むしろ労使の協力一致の傾向が、その中に含まれていると考えざるを得ない。それゆえにこのような企業内労組対経営関係のままで、個々の企業のなかに労使関係をとじこめておき、そのまま放置しておくということは、労働者側の要求の貫徹がそこでは容易でない、ということを意味する以外のなにものでもない。労働組合運動は、そのままでは盛り上がるはずがない。……雰囲気闘争は、まさにこのような企業内労組対経営関係、いわば個々の企業ないし事業所内の労使関係の中にとじこもろうとする労働組合と組合員を、この企業のワクの中から引き出し、引き上げ、広く一般の労働争議・労働運動の方向に持っていくためのものであると考えられる。ここに一段と強力な指導・啓発が必要であるが、その指導・啓発をより有利にするためには、まさに雰囲気闘争こそが重要な意味をこの際もつことになる」（108頁）。

また、前述したように「企業内労組の存するところつねに第二組合発生の可能性」（48頁）がある以上、「雰囲気闘争、ムード闘争が、まさに第二組合的なものの考え方とその発生の可能性を抑圧しようとする機能」をもつことになるのも当然です（109頁）。

妥協機関としての労働委員会

さらに、これは労働委員会で膨大な数の争議を取り扱ってきた藤林ならではの台詞でしょうが、「労働委員会がその一つの機能である争議調停の面において、年々わが国の労働争議のかなり多くのものをとりあげるということは、わが国の労使関係における労使双方の問題を自主的に解決する気構え、態度が比較的少ないことを意味している」と述べた上で、「しからば、なにゆえ日本の労使は、自らの問題として争議の解決のために自主的な努力を推し進めようとしないのか」（111―112頁）と問います。

もちろん、その答えも企業内労組にあります。

「企業内労組を労働組合運動のなかにくり入れていくためには、上部団体はかなり強い雰囲気闘争のなかで、したがって強い要求、強い態度のなかで問題をくり広げなければならない。日本人のよく口にする言葉でいえば、「死ぬまで戦う」などということがしばしば聞かれるところである。人々がこのような強硬な態度をゼスチュアとしても示す場合には、その半面をいえば、いささかの妥協の余地なしということを示している。いささかの妥協の余地なしという態度を示しながら、しかししょせん、なんといっても労働争議は、適当なところで適当な線で妥協をみざるをえないし、妥結に導かざるをえない。そしてそれはしょせん、私の考えでは妥協以外にはない。日本の労働組合の雰囲気闘争のゼスチュアは、妥協のない強い態度のようにみえる。しかし問題を終結するためには妥協以外にはない。自らは妥協できない。だれかがこれを妥協せしめる以外にはない。労働委員会がこの役割を演じていることはきわめて明瞭である。したがって日本の雰囲気闘争にとって、……その主張が強硬であればあるだけ、妥協を可能ならしめる機関としての労働委員会の存在は必要欠くべからざるものである」（113頁）。

†身内の争いは激しさを増す

さらに藤林は、目の前でくり広げられる企業内労組と経営側のやりとりの中から、企業内組合の労働争議にまつわるある種の匂いを敏感にかぎ取ります。

「これは非常に妙な言い方であるが、われわれ日本人の人間的な関係からいうと、縁の近い者がもし互いに争うような場合には、他人同士が争う以上に激しい争いを起こす。これはよく日常生活の中にみられるところである。嫁と姑、あるいは親子兄弟等の関係において、もしひとたび争いが生ずれば、その結果はいわば血で血を洗うような争いが発生する。もしこれが他人同士の関係のなかならば、その争いはときに非常に激越なものがありえても、そう長続きし、本当に心から怨恨の情を示さなければならないようなことにはたちいらないだろうと思われる。この意味においては、ここに指摘するような過去の各種の争議は、ともにいかにも日本人的な労働争議であると考えられる」（115頁）。

さてしかし、ここまで読んでくると、なるほど当時の左右のイデオロギーばかりが表面を覆い尽くしていた労使関係の議論の中で、その隠された本質をみごとに摘出していることは分かったけれども、それはもう半世紀以上も昔の話であって、今日の日本の労働社会にとってはあまりレリバントな本じゃないね、という感想を持たれる方もいるかもしれません。なにしろ、そのいうところの雰囲気闘争、ムード闘争に充ち満ちていた頃とはうって変わって、現在の日本は争議行為を伴う争議件数が一年間で五八件（二〇一八年）という、世界的に見ても争議レスな労働社会になってしまっているからです。

ところがさにあらず。藤林が労働委員会で連日争議のあっせん・調停に汗をかいていた頃と、争議がほぼ完全に姿を消した今日とは、同じ企業内組合と経営の関係が違う現れ方をしているという意味で、実はコインの表と裏の関係にあるのです。

†組合を去勢する労使協議制

残念ながら同書出版の前年に死去した藤林にはそれを目前の現実として語ることはできませんでした。しかし、同書の最終章にはなにやら予言者のごとき次のような一節が書き残されています。これは労働協議制の重要性を縷々《るる》説いた数章のあとに置かれた文章であるだけに、そのにじみ出るような苦渋が伝わってきます。

「わが国の経営協議会をみると、その多くの場合に、そこは一面団体交渉の場であると同時に、他面労使協議の場でもあって、団体交渉と労使協議が必ずしも明確に区別されようとはしていない。しかし企業内労組と経営の関係としては、このような混合形態である経営協議会が多く存在することが、むしろ必然的であるともいえよう」「すでにこのような一、二の点からみても、わが国の労使関係においては、経営者＝従業員関係がいかに強く現れているかが明白であるのに、さらにそのうえに、経営者は経営参加を認めようとせず、産業平和と労使協力とを企図している。率直かつ端的にいってしまえば、今日の企業内組合をさらに会社組合にまで引き降ろそうというのが、明確にこれを意識すると否とを問わず、わが国の経営者の意図であるようにもみえる」（210頁）。

「企業内組合が解消し、産業別単一組織が成立することが可能ならばもちろんこれを好ましいとしていいのであったが、すでに一言したように、このことは今のところ一般に望んでも容易には達せられない。そこで企業内労組とその上部団体である産業別連合体組織との関連において、経営者にははたして産業別連合体組織を中心に団体交渉を行い、また産業別労使協議制の確立を考慮するだけの積極的熱意があるだろうか。おそらくなんぴともこれを肯定するのには躊躇せざるをえないであろう。これが本当の事実であり、それがなにを意味するかは、すでにきわめて明白である。およそこのような労使関係へのクレッグ的＊な見解と論理を十分に味わうことも知らないままで、労使協議制をいちだんと大きく植えつけようとすることは、企業内労組をさらにhome unionismにいっそう転落せしめ、組合を去勢してしまうことにほかならないのではないだろうか。

したがって、労使協議制の確立が労使関係の近代化あるいは民主主義化の方向を拒否するのではなく、むしろこれを前提とするか、あるいは少なくともこれと並行して推し進められるべきものであるとするならば、われわれの場合に今日まず考慮すべきことは、労使協議制の確立ではなく、労使関係の近代化であり民主主義化である。言葉をかえていえば、企業内労組の存在を企業の内深く押しこめるのではなく、反対にそれを企業の外に向けしめることである」(210―211頁)。

＊クレッグ的な見解……ヒュー・A・クレッグ（一九二〇―九五年）は、物価・所得委員会の創設者で、賃金比較常任委員会議長、英国ウォーリック大学名誉教授を歴任。著書には『イギリス労使関係制度の発展』など。労使が対等の立場で協力するパートナーシップを主張するG・D・H・コール的な見解に対し、労働組合は組合員の利益を守るため、経営に対する批判者でなければならず、組合は経営のうちにいてはならず、常に企業の外にあるべきという見解。

†藤林の予言通りになった日本の労働社会

藤林が死去してからの半世紀以上の期間に日本の労働社会で進行したのは、まさにこの懸念のどんぴしゃりともいうべき実現でした。

政治闘争にばかりかまけて労働組合の本来の課題である労働条件の維持改善をないがしろにするのはけしからん、というこれ自体はまっとうな批判に基づいて労働組合主義が主張されると、そのことが労使関係における第二次関係を妙な妥協に追い込んでしまう懸念、ほっとくと第一次関係に埋没してしまう企業内労組を第二次関係の線に沿って引き上げようとする努力が弱まってしまうという懸念、労働組合主義が、その本来の目的である経営対組合関係をかえって弱め、経営対従業員関係を強化してしまうかもしれないというこの懸念は、同書出版の時点ではなおそれほど現実のものではなかったのでしょうが、その後半世紀以上経った現在の観点からすると、その予言の見通しは恐ろしいものがあります。

藤林が皮肉たっぷりに描き出した「家族争議」がほぼ姿を消してしまった半世紀後の労使関係は、もはや一方的に従業員としての第一次関係に引っ張られるだけで、本来利害対立があるはずの第二次関係が限りなく希薄化してしまいました。今日保守政権主導でようやく一〇年ぶりに賃上げ闘争が行われるなどという事態を、安直な政治的説明でなくきちんと社会構造に踏み込んで説明できる理論は、半世紀以上前の藤林理論以外には見当たりません。

復習ノート5

戦後日本のパラドックス

第四章では、日本の状況を解き明かす名著として、藤林敬三の『労使関係と労使協議制』をとりあげました。

やや大げさな言い方になりますが、藤林の同書ほど戦後日本の労使関係の本質を見事に抉り出したものを私は知りません。その理論的枠組みが、上述の先進諸国の労使関係の歴史を彩ってきた労働販売に係る集合取引に基づく「トレード型」やその変種の「ジョブ型」と、企業内でともに生産活動に携わる労使間の「パートナーシップ型」に対応しながら、それが企業別組合という特殊な組織原理の下で一体化していることにより、いかなる矛盾が生み出されているかを、現にその矛盾が露わになっていた半世紀以上前の日本を例にとって見事に説明し尽くした本なのです。

藤林理論の出発点は、労使関係には協力的な第一次関係と、利害対立する第二次関係があるという点です。その二つの関係が、日本では企業別組合という単一の組織の中で癒着し、不分離状態にあるために、「争う関係か争うべからざる関係か、そのいずれともつかないような事態」を引き起こすというのです。

激烈な労働争議の多くが第二組合の発生という結末に至る理由は、「従業員としての里心」にあるとか、政治闘争や雰囲気闘争に走りがちなのは、そうしないと労使協力の気持ちが強くて盛り上がらないからだとか、一見左翼的な言辞の裏側にある企業別組合の実相を見事に抉り出しています。

同書刊行の前年の一九六二年に亡くなった藤林はその目で見ることはかないませんでしたが、その後の日本の労働社会は、藤林が予言したとおり、利害対立の第二次関係が限りなく希薄化し、労使協力の第一次関係に埋没するという道筋をたどっていきました。現代日本で労働組合と呼ばれている企業内組織は、事実上労使パートナーシップを担う従業員代表制とほとんど違いがありません。

ただ、ドイツと大きく異なる点は、企業内従業員代表制と支え合うべき産業レベルの労働協約システムがほぼ完全に存在しない点です。そのような現代日本の有り様は、ウェッブ夫妻やゴンパーズが掲げた「トレード型」の対極であるのみならず、内部労働市場の敵対的関係である「ジョブ型」とも正反対で、コールやメールが希求したパートナーシップや自主管理に近い面は確かにあるのですが、しかしパートナーシップが社会的に確立したドイツのデュアル・システムとは、企業を超えた労使関係の不存在という点でこれまたまったく異なります。

なぜそのような奇妙な仕組みが作り出されたのか、日本型雇用システム、日本型労使関係システムの形成に関わるような「原典」について、またどこかで講義できる機会があれば、と考えております。

第五章

労働思想ってそういうことだったのか対談

ここまで英米独仏の労働思想の流れについて、一一冊の本を、集合取引から始まる流れ（トレードからジョブ）と労使共同経営（パートナーシップ）という二つの軸を中心に据えて紹介し、さらに一二冊目として半世紀以上前に今日の日本の労働社会を的確に言い当てた藤林敬三『労使関係と労使協議制』を解説しました。時代と国情に応じて葛藤が繰り広げられ、労働運動の基本的骨格が構成されてきた道筋が理解いただけたでしょう。ここまでの話の五つの重要な論点について、海老原が率直な疑問を投げかけ、濱口が大胆に絵解きをすることで、読者の脳裡に残っているであろう疑念を解きほぐしていきます。

†コレクティブ・バーゲニングの真相

海老原　今日の労働運動を考える場合、欧州型の労働組合というのは非常に強力なエポックでしたね。企業の枠にとらわれず、労働市場にいる同職の労働者が連帯して、経営や資本家と対峙するという。第1講の原稿を読んで新鮮さを感じたのは、この仕組みはウェッブ夫妻の生きた時代にすでにイギリスでかなり広まっていたという部分です。

濱口　そう、ウェッブ夫妻が新たな仕組みを唱えたわけではなく、現実の労働運動のロジックを解き明かしたのです。当時の労働運動やってた連中は、主として機械金属系の熟練職人たちであり、雇用と請負の中間のような熟練職人たちが中世のギルドの伝統を受け継いで、自分たちの熟練を根拠に団結して資本家と対峙していました。「集合取引」や「同盟罷業」が効果を持つのは、熟練職人に結束して仕事を止められたら資本家にはなすすべがないからです。一方、産業革命で急速に拡大した繊維産業で『女工哀史*』よろしくブラックに働かされていたのは、それまで労働市場に出てこなかった女性や児童の単純労働者であって、彼らはもっぱら工場法のような「上からの保護」の対象であり、労働運動をやれるような人々ではなかったんですね。繊維産業の女子年少労働者たちと、機械金属産業の熟練職人たちをごっちゃにしない方がいいでしょう。

＊『女工哀史』……大正時代の紡績工場で働く女工たちの過酷な労働実態を綴った、細井和喜蔵著のルポルタージュ。一九二五年、改造社刊。現在は岩波文庫。

海老原　か弱き労働者を広くあまねく束ねる、という性質とは違うと？

濱口　当時の労働運動はあくまでも自立した熟練職人たちの運動であって、婦女子はむしろ排除していました。第一次世界大戦中に徴兵された成人男子の代わりに軍需工場等に女性が進出しますが、それを「ダイリューション（水増し）」と呼んだくらいです。女子年少者中心の繊維産業では、「集合取引」などやれる基盤はなく、上から工場法が作られて「守られる」しかなかった。

これに対し、「集合取引」をするのは誇り高き職人たち。彼らは熟練がモノをいう機械金属系の産業にいます。彼らは、長い徒弟修行で身につけた熟練を武器に労働力を売る。今日の感覚でいえばむしろ一人親方に近い、雇用と請負の中間的な労働者たちです。熟練こそが彼らの武器であり、それゆえにある程度使用者とも遣り合えるわけですし、ギルドからの連帯の歴史もある。だから、団結禁止法をかいくぐりながら、日常的に団体交渉や争議が行われていたわけですね。ただ、彼らはそれを理論的に説明する術を持たない。

一方で、階級断絶された欧州社会では、上流階級の人々には、肉体労働者たちのやっているいることの意味などわからない。だから、「ああ、野蛮な連中が、こわい諍《いさか》いを起こしてる」と嫌悪するしかありませんでした。ちなみに、彼らのことを当時ジャンタ（junta）と言いましたが、これは現代ではクーデタで権力を握った軍事政権を指す悪口言葉です。そうした状況に対してウェッブ夫妻が「いやいや、彼らがやっていることは、実はこうなんだよ」という風に、理論書としてまとめて、説明をした。それが、コレクティブ・バーゲニングだったわけです。つまり、技能を基にある程度、交渉の余地のあるセクターで、起きていたことなんです。

海老原　驚きですね。ウェッブ夫妻がきれいに作り上げたエポックではなく、そこらで起きていたことの解説書だったとは。

ただ、第6講に出てくるケテラーの言葉では、搾取しまくられている「欧州の奴隷市場」とまで書かれているではないですか。この言葉は、婦女子のことではないのですか？

濱口　その点については、多層的に説明していかないとならないでしょう。

まず、ドイツでも労働運動の源流は中世以来のツンフト（ギルド）の手工業職人たちです。一九世紀になってようやくツンフトが解体され、職人たちは市場経済に放り出された。ただ、マルクスやケテラーが見ていたドイツは、ウェッブ夫妻のいたイギリスに比べると産業の発展が遅く、いっぽう知識人の知的水準は高かった。そのため、自立した熟練職人による運動よりも知識人による社会主義運動の方が先行することになります。

彼らは、先進的なイギリスの姿（とりわけ繊維産業の悲惨な女子年少労働者たち）をドイツの将来像にダブらせながら、「今日のイギリスは明日のドイツだ」と危機感を煽り、「だから社会主義革命を」と叫びます。

産業発展の遅れたドイツではまだイギリスのような「集合取引」をやれる段階に達する以前に、インテリ主導の社会主義運動に引っ張られる形で労働運動が展開していきます。それに危機感を抱いたカトリックの坊さんが、社会主義ではなくギルドの伝統に基づくカトリック精神でこそ労働者は救われるというイデオロギー闘争をふっかけているわけです。

海老原　ああ、だから、マルクスは「坊さんども」を憎み揶揄しているのですね。そうして、もっとも産業の発展が遅れたロシアに主戦場を移し、モノいえぬ労働者を社会革命家が牽引する形で、革命まで持って行ってしまったわけですか。そうした産業発展というパラメータが労働運動の重要なファクターになっている一方で、ギルドの浸透度合いももう一つ、大きな軸となっておりませんか？　これがない、もしくは脆弱だった地域＝ロシア、アメリカ、日本は企業横断型組合がうまく機能しなかったですね。

濱口　一人親方的な熟練工が団結するというのは確かに中世のギルドの伝統を受け継いでいます。ただ、近世になるとギルドはだんだん衰退していきますし、特にフランスではフランス革命時にこれを厳しく制限しました。それがフランスの労働運動の形をまた変えることにもなるわけです。

海老原　労働運動とギルドの結び付けに関して、カトリックがそれを肯定的に受け止めます。このあたりは、どうしてなのでしょう。

濱口　宗教や政治、歴史が絡み合う話で、なかなか一言で説明するのは難しいですが、産業革命によって経済社会が激変していく中で、伝統を否定する社会主義運動に対抗するカトリック勢力が、中世的な伝統に根ざすギルドを応援するのは不思議なことではなかったと思います。

†アメリカはなぜジョブ・コントロールを確立できたか？

海老原　次に考えたいのが、米英の違いです。団体交渉の力をアメリカは社内にまで持ち込み、会社の中の「雇用領域」については、経営がうるさいことを言えないようにしていく。これが「ジョブ・コントロール」ですね。こうして労働が、職業横断的なものから、個社内のものに変わっていく。俗にいう「トレードからジョブへ」という流れです。なぜ、アメリカではそれができたのに、集合取引の本家＝イギリスでは不可能だったのでしょうか。

濱口　かつて、氏原正治郎さん＊や小池和男さん＊は、こうした「トレードからジョブへ」

というのを、どの国も（時間差はあれ）共通して歩んでいく産業進化の法則と捉えていました。しかし私はこの点でも違った見方をしていて、社会事情に依存して国ごとに異なった歴史経路をたどったという風に考えています。

＊氏原正治郎（一九二〇―八七）……東京大学教授、同大学社会科学研究所所長、雇用促進事業団雇用職業総合研究所所長などを歴任。戦後の労働問題を調査・研究し、社会保障や高齢者雇用の政策立案にかかわった。

＊小池和男（一九三二―二〇一九）……『労働者の経営参加』でサントリー学芸賞、『人間形成の国際比較』で大平正芳記念賞、『日本産業社会の「神話」』で吉野作造賞を受賞。

前段で話した通り、誇り高き熟練職人たちが企業という枠を超えて団結して戦う方式のイギリス式労働運動では、現場作業は熟練労働者にお任せで、そもそも資本家は労働現場に口出しできなかったんです。つまり、イギリスでは最初から、経営と労働の距離が大変開いていた。

一方、アメリカはドイツやフランスに比べても後から産業化を開始した後発国で、しかも移民の国だから中世以来のギルドの伝統もない。つまり、モノ言う強い職人、という文化がなく、しかもそれをつなぐ仕組みも乏しい。比較的容易に、労働者を社内に取り込むことが可能だったんですね。

そこで、まず第一次世界大戦後の好況期にウェルフェア資本主義という形で、労働者を個別企業の従業員としてさまざまな福利厚生を与え、企業外部の労働組合とのつながりを断ち切ろうとしました。これは短期的には成功したんです。アメリカの一九二〇年代は労働組合組織率が激減し、従業員は労働組合なんかより自分の働く企業を頼りにしていた時代です。ところがこれがほんの一〇年で崩壊します。

一橋大学の森口千晶さんが強調する点ですが、大恐慌の嵐の中で、ほとんどの企業が従業員との暗黙の約束を破って片っ端から解雇した。ウェルフェア資本主義を信じていた従業員たちは裏切られたわけです。この会社側の裏切りに対する不信感が、その後のアメリカの労使関係の基本構造を作り出します。

一九三〇年代にはニューディール政策によって労働運動が促進され、とりわけ団体交渉権が確立していきますが、その時に基盤となったのは、一九世紀以来のAFL（アメリカ労働総同盟）型の企業を超えた職業別労働運動ではなく、新興のCIO（産業別労働組合）が代表する企業を基盤とする産業別労働運動でした。もともと会社の側が事業運営のための仕組みとして整備してきた「ジョブ」というものを、労働運動の側がそれを拠り所として権利を主張する仕組みに読み替えていくのです。経営側が作り出した仕組みをそのまま労働側が使うしかなかったというこのアイロニーこそが、アメリカ労働運動の根幹をなしています。

海老原　パールマンの本を読むと、ジョブ・コントロールは、労働者が労働側の意思で、仕事の進め方や解雇順位までも決められるもので、いわば、労働側の闘争の勝利にも見えるのですが。

濱口　それはある面、苦肉の策であることに気づいてください。まず、経営側がそれまでの「職人にお任せ経営」ではなく、科学的管理法（テイラー・システム）を駆使して労働者を合理的に統制しようとしたのが二〇世紀初頭です。そのために作り出された仕組みがまさにジョブなんですね。これによって労働者は企業を超えたトレードから切り離され、企業ごとに、その事業活動を細かく区分して労働者に割り当てる単位であるジョブにくくりつけられたのです。

ウェルフェア資本主義とは、そういう経営管理革命を労働者の反発なく進めるための道具であったのかもしれません。とはいえ、それが長く続いていたら、労働者たちは労働組合など見向きもせず、ジョブに基づくウェルフェア資本主義の下で幸福に過ごせたかもしれません。しかし、それは大恐慌で裏切られました。ごく一部の（コダックのような）企業を除き、ウェルフェア資本主義はおためごかしに過ぎないことが暴露されたのです。

そこで、労働者は労働組合に結集して闘います。しかしその時、労働者が根拠にできる拠り所は会社側が作り出したジョブしか残っていなかったのです。会社が作りだしたジョブを、労働者の権利を守る根拠として再編成する。これがニューディール以後に確立したアメリカ型のジョブ・コントロール・ユニオニズムの本質なのです。

その結果、決められたジョブ以外はやらされない、そして、解雇者の順位は労働側が決める、労使間の問題については労働協約で定めた苦情処理制度で対処する、などの権利を獲得していく。そのコアは、経営者の恣意は許さない、ということです。

でも考えてみれば、その大前提にあるのは、経営方針とジョブの区分は経営側の専権事項であって、そこには労働側は口を出さない。その経営が決めた経営方針とジョブの範囲内で、あとは労働側が決めるというものです。そもそもの「経営方針や組織策定」には携われないことが前提。こうして、「労働は経営を考えない」「経営は労働に立ち入らない」という関係になっていく。

海老原　ブルーストーンの書にあった「休戦協定」というのはそういうことなのですね。お互い立ち入らないと。

濱口　少し先に進みすぎましたが、再確認しておきますね。トレードからジョブへ、という定説について、私がなぜ疑問を抱くか、が理解いただけましたか？　それはどの国も共通して歩んでいく歴史法則などではなく、イギリスとアメリカの置かれた社会状況により、その現れ方はまったく異なります。労働とはそういう経路依存的なものなのです。

†立法重視で行くべきか、現場を重視すべきか？

海老原　英米の労働運動の違いで気づいたのが、イギリスは政治的闘争を重視して、法律策定を目指したのに対し、アメリカは現場重視で企業と個別協定を結ぶことを重視していることです。イギリスのウェッブは立法主義を標榜し、アメリカのゴンパーズやパールマンはそれを毛嫌いする。このあたりを、どう考えればいいわけですか。

濱口　そこも字義通り受け取るのは少し問題があると思うのです。たとえば、ウェッブは、集合取引、法律制定、そして相互保険を三本柱と謳《うた》っていましたが、イギリスの労働運動は三本そろい踏みとはとても言えない状況になっていきます。たとえば、相互保険はイギリスではもうほとんど跡形もなくなり、今それが残ってるのは北欧やベルギーくらいです。立法闘争も組合を離れて、労働党に行ってしまいます。労働党というのはそもそもTUC（イギリス労働組合会議）の政治委員会ですからね。なので逆に言うと労働党を作ったがためにTUC自体は、もう要するに労働党を応援すればいいので、自ら立法闘争はしなくなっていきます。

海老原　ゴンパーズは立法闘争と職場闘争のすみわけを書いていたりしますよね。安全衛生と弱者保護、マイノリティ施策は法律で決めるべきで、それ以外はやらなくていいと。

濱口　ただね、ゴンパーズの後半生は、立法闘争を一所懸命やってるんですよ。それは、反トラスト法の適用による労働運動の抑圧を打破し、団結や団体交渉をいかに裁判所に認めさせるか、ということが主になります。一方、イギリスの一九世紀の労働組合の立法闘争って、団結禁止法による抑圧を打破し、争議に対する民事、刑事上の免責を勝ち取ることが目的でした。そう考えれば、両者のやってることは実はまったく同じです。

そして、ゴンパーズが「政治に任せるべき」といった弱者保護については、ウェッブ時代のイギリスの労働組合は力を入れていません。団結する力などまったくない、そうした女性や年少労働者を保護しようという話は、人道上かわいそうだとか、社会の健康に害悪を与えるといった、知識人主導の運動であって、労組とは全然別のところからきている話です。

海老原　立法闘争という言葉は、あくまでも団体交渉をどう認めさせるか、という話だったのですね。その点ではウェッブもゴンパーズも同じだと。

濱口　そうです。女子年少者なら保護対象として法律を作ればよいが、自分ら成人男子の労働時間については、法律などいらない、むしろ関わるなと言っています。そんなお国柄だから、イギリスはブレア政権になるまで、成人男子の労働時間規制もありませんでした。

海老原　では、ゴンパーズがベルサイユ講和会議に出席したときに、欧州のエリートたちは労働現場を知らず、大所高所に立って絵空事ばかりいう、俺たちは違うよ的な話をしているではないですか。あれは、いかがですか？　アメリカの労働運動は職場をどうするか、欧州は社会をどうするか、といった違いはないのですか？

濱口　そこでいう欧州は、イギリスではなく、独仏などの大陸国でしょう。要するに、職人的な男性労働者の発言力が強い社会か否か、という違いだと思っています。

資本家もひるむほどの強い労働者がいれば、彼らは「俺たち現場労働者が決めたことを聞け」と迫る。で、その点ではイギリスもアメリカも変わりません。そこまで産業が成熟せず強い労働者が育っていなかった地域、たとえばフランスやドイツでは全体をリードするのは、労働者ではなく、社会主義者などになる。だからドイツの自由労働組合など元々、社民党のおまけみたいな感じなんです。

海老原　では、イギリスやアメリカのインテリたち、いわゆる高学歴で階級の高いエリートたちはどうしてたんですか？　彼らは、労働現場にはとても近寄れないから、それなら社会をどう変革するかといった大所高所の方に行ったのでしょうか。

濱口　イギリスの場合、本物の上流階級の人たちは労働現場などあまり興味持たなかったでしょう。そうした人たちのうちの一部篤志家《とくしか》は、慈善運動や福祉活動にはまり、たとえば工場法的な保護策を打ち出したりします。

社会主義思想家もそれなりにいました。それは、ゴンパーズの時代のアメリカも同じです。でも、彼から見たらそいつらは、現場のこともわからないくせに、なんか抽象概念を振りかざしやがって、という連中でした。大陸ヨーロッパっていうのはそういう観念的な社会主義者がうようよしていたところなんで、ベルサイユ会議ではイライラの極致に至ったわけでしょう。

海老原　よくわかりました。本質的にウェッブのいう「立法」とゴンパーズの組合活動の自由＝労働は特別な商品だ、というのは同じなのですね。で、欧州大陸国の社会闘争はそれとは別個のものだと。

†ドイツ型パートナーシャフトは奇跡の産物

海老原　続いて、労働運動にとっては、集合取引と並ぶ二つ目の大きなエポック、ドイツ型の共同経営＝パートナーシャフトにテーマを移しましょう。経営の意思決定に労働者が携わるというこの仕組み。従業員代表制と経営参加をそのツールとして構成されますが、ここまで合理的で整ったものが、どうして作りえたのでしょうか。

濱口　従業員代表制の仕組みはフランスでも南欧でもドイツに模したものができています

が、そこまでうまく機能はしていません。そして会社の意思決定機関に従業員代表が参加するという意味での経営参加は、ドイツとその周辺国、つまり北欧やオーストリア、ベネルクス三か国などゲルマン圏に限られます。

海老原　と聞くとやはりゲルマン民族の合理性といった俗的な解釈をしてしまいそうですね。

濱口　まあ、この仕組みも先ほどまでの話と同じで、歴史的な必然と偶然が重なって出来上がったものなんです。

イギリスより産業発展が遅れていたドイツは、自立した職人による労働運動の発展は遅れ、それに代わって社会主義者など知識人主導の傾向が強かったのです。しかも、産業化は西部のライン川流域が中心であるのに対して、知識人の活動は後進的な東部に作られた首都ベルリンが中心です。

この結果、理想主義的というか観念的な知識人主導の社会主義運動がベルリン中心に展開し、現場の労働運動はそれに引きずられる形になります。ビスマルク（一八一五―九八。ドイツ統一の中心人物）の社会主義弾圧法で社会民主党が表舞台から排除され、ようやく労働組合は自主的に行動し始めたくらいです。

そして、ここに第一次世界大戦が加わるわけですね。ドイツは周辺諸国を相手にほぼ独力で戦いました。この総力戦を遂行する上で、国民一丸となることが重視される。そこで、城内平和が生み出されます。労働側はストなどせずに、産業戦士として戦いを支援する。その代わりに国家は労働運動を認める。実はどの国も大戦中に同じように労働者の地位向上や労働運動の権利獲得が進みましたが、厳しい戦いだったドイツではそれが一番顕著に表れたといえるでしょう。国家が企業に従業員代表制を義務づける法制においてドイツが世界の最先端に立ったのは、戦争遂行という至上命題によるものでした。

ところがその戦争に敗れて、皇帝が逃げ出し、ワイマール共和国が成立します。そのどさくさの中で、労使ナショナルセンターのトップ交渉で、産業別の労働協約と企業ごとの経営協議会といった超先進的な労働立法が一気に成立してしまいます。これは当時のドイツの発展段階からするとあまりにも先進的な仕組みでしたが、それができたのは総力戦に敗れて伝統的権力が力を失った空隙に、社会主義的な理想論が入りこんだからでしょう。でもこれで起点ができました。

しかし、ワイマール共和国の寿命はわずか十余年です。その後にできたヒトラーのナチスドイツは、指導者原理に基づき労働運動を徹底的に弾圧しました。そしてまた十余年。今度は第二次大戦に負けてナチスが崩壊する。ではそこで新生ドイツが拠り所とすべきものは何かといえば、ワイマール共和国の遺産しかなかったのです。

先に言ったように、ワイマール共和国はたった十年余りしか続いていません。しかもその間はハイパーインフレと不況でもみくちゃにされ、まともに制度が動くことはありませんでした。ワイマール体制はワイマール時代にはまともに稼働していなかったのです。しかし、未稼働だからこそ汚点も少なく、戦後ドイツが再出発する際には、そのワイマール体制が理想像として掲げられ、それが現実化していったのですね。

海老原　ドイツの場合、職業型の組合だったものが、再編されて産業型に変わっていきましたよね。社内にはいろいろな職種があるから、職業型組合のままだと一企業に多数の組合員が入り乱れ統制がしづらくなるでしょう。産業型であれば、その企業が属する産業別組合に基本、絞られるから、交渉も統制も調整も非常に楽になります。こうした進化をどうやって成し遂げたのでしょうか。

濱口　これも、ワイマール共和国になって法制が整備され、それまでの熟練職人中心から未熟練労働者が大量に入ってきて、職業別から産業別に変わろうという動きが高まったのですが、それが実現したのはやはりナチス崩壊後の戦後ですね。二度の敗戦を経験したことが大きな要因だと思います。

これに対して、イギリスでは二〇世紀になって徐々に未熟練労働者を含む一般組合も発展していきますが、産別化といっても従来型のトレード・ユニオンの延長線上で、同じ職場にいくつも組合が濫立するという状況が続きました。

一方、フランスはまた独特で、企業側のパテリナリスム（英語で言えばパターナリズム）が強く、労働運動が企業に入りこむことを毛嫌いする中で、労働者の連帯は、イデオロギーや宗教に依るところが大きくなってしまったのです。だから、フランスは今でもそうした組合が横断的に根を張り、そこに少数の職業組合が入るという形になっていて、複雑ですね。

†労使共同経営って、いったい何をするの？

海老原　さて、私たち日本人とはなじみの薄い従業員代表制とはいかなるものなのですか？　共同経営と呼びますが、経営の意思決定すべてに携わるわけではありませんよね？

濱口　大きくいって、二つのことがあるのですね。社内の労働にまつわる多様な問題について、情報を提供され、協議や共同決定を行う部分。そしてもう一つは、本当に、経営の最高意思決定機関において半数弱の従業員代表を送り込み、経営方針を決める、という部分。

海老原　前者については後ほど詳しく伺いますが、後者の部分。経営方針を決めるというところですが、本当に労働者代表が、そこで主導権を握っているのですか？

濱口　そこは諸説あるのですが、私はそれほど強い力はないと思っています。この意思決定機関（Aufsichtsrat）を監査役会と邦訳することが多いですが、業務執行を監督する機関なのでむしろ監督役会と訳すべきでしょう。ただし、開催頻度は四半期に一回だし、労使同数とはいえ議長は株主側なので、従業員代表が多数を占めることはありません。なので、形式的存在という意見もありますが、それでも圧力としては立派に機能しているでしょう。

海老原　社内の労働問題に関する情報提供や協議、共同決定に当たる機能はどのようなものになりますか？

濱口　ドイツでは、横断型産業別組合が「賃金」「労働時間」等の基本的労働条件について決めることになっています。それ以外の部分は基本、従業員代表制の方が担当するわけです。たとえば、労働時間の長さについては横断組合が決めるので一日七時間とかいうルールができますね。それが具体的に何時から何時までなのか、あるいは変形制やフレックスタイムを導入するのか、といったことは従業員代表が経営側と協議する。解雇なども経営側と従業員代表で協議をします。

海老原　そうした部分については、日本の社内労働組合が司る機能とかぶっていますよね。しかも日本の社内組合は、賃金や労働時間に関する交渉も行っている。でも、社外とはつながっていない。この当たりの日本の問題は、もう少しあとで再度お話ししましょう。

それよりも昨今、欧州を見ていると、賃金や労働時間などは横断組合が決めるというルールは壊れて、だんだん企業別賃金になって来たような気がするのですが。

濱口　そういう動きはあります。ただ、小池和男さんなどがかつて主張していたような、「最終的には企業単位の交渉になっていく」といえるほどの収束はしていません。確かにフランスなどでは賃金まで企業単位で決めることが多くなっています。一方、ドイツは、金属労組のように足腰の強いところは、いまだに産業別労組が細かく決めています。一方、販売・サービス系のところはそもそも中小企業が中心であり、組織率も低く力は弱い。かといって、前述したとおり、法律上は従業員代表制で賃金を決めることは、できません。そうしたところは、事実上、最低賃金に頼るようになっています。

海老原　ドイツではしっかり産業別組合が機能して賃金や労働時間を横断的に決定しているのですね。一方フランスですが。労働組合の組織率が八%などとものすごく低いじゃないですか。存在意義があるのですか?

濱口　しかもそんな低い組織率なのに、ドイツのように産業別に集約されているわけでもなく、イデオロギーや宗教で労組が乱立しています。社内には複数の労組が入り乱れる状況。ただ、各労組は企業委員会に委員(従業員代表)を送りこんでいます。この委員は従業員からの投票で決めるのですね。で、その際の得票率がとても重要になるのです。まず企業は、企業内に入り乱れる労組と交渉をして賃金を決める。そしてこれを協約とする。この協約は、非組合員にも拡張適用されます。ただその協約は、委員選出投票で得票率が一〇％以上あった組合としか結べません。

海老原　企業委員の得票率が重要な理由がわかりました。ドイツのように労組と従業員代表制の並立というわけではなくて、組織率が低くなった労組が、従業員の承認もしくは委託を受けるために、企業委員会（従業員代表制）を必要としている、というような。

濱口　そう、フランスの組合員ってのは、他の国の（選挙で選ばれる）組合役員みたいなものと思えばいいんじゃないですか？　組合員になって組合費を払うなんて馬鹿なことはせずに、投票だけする。そして、支持を得た（委員が所属する）組合が企業と交渉してくれて、勝ち得た労働条件が、無条件に享受できる、という大変上手い仕組みが……（笑）。

海老原　上手いと言えば上手いけれども、それってなんか団結原理じゃないような気がいたします。

†欧米に見られる日本型雇用への憧憬

海老原　ここらへんで、日本型雇用というものについて、少し考えておきたいのですが。本書で取り上げた欧米の一一冊のうち実に半分、五冊もしくは六冊が、日本的な雇用慣行を謳っています。会社が労働者に対して、権限移譲や雇用保障、情報開示をする見返りに、従業員が自ら進んで働く仕組みですね。そして、雇用保障をするために、多能工化を促し給与水準を低位安定化する。さらに、雇用調整弁たる非正規雇用を設けて正社員を守るべき、とまで言う書もあり、こうして長く勤続することになると、外の世界と隔絶され、会社と一体化していくために、労働者の忠誠心は高まりますます、そしてついに自主的に働くようにもなる。こんなことが欧米でも言われていたのですか？

濱口　種明かしすれば、やはり、日本人向けにわざわざそうした本を集めたという部分はあります。日本の働き方に近い在り方を理想像と掲げるような本を紹介し、ではどうして欧米でもそんな話が出てくるのか、そしてなぜ欧米ではそれが成り立たなかったのか、などを考えることにより、彼我の差をとらえやすくなるだろうと。

ただ、そうした意図的な面を除いても、欧米にはこうした日本的な仕組みを称揚する本がやはりそれなりにあるのです。

海老原　その方が経営はマネジメントがしやすいし、労働者も働くことをある面生きがいに楽しめるから、という効率性の部分があるでしょうが、それとは別に、村や里がかつて担った共同体の役割を、企業に重ねるような幻想が、欧米の人の中にもあるのでしょうか。

濱口　そういう部分はあるかもしれません。ただ一つ言えるのは、こうした仕組みが社会に浸透し、しかも継続しているのは日本だけということですね。それが良いとか悪いという価値的な言及はしませんが。

海老原　ジャコービィが言及した荘園型経営は、ほぼ日本型経営ですよね。

濱口　アメリカにはそうした企業が少数ながら存在したのは確かです。ただ、本当にマイナーな存在であり、社会に定着はもちろんしませんでした。私としては第10講のジャコービィの本で、その毀誉褒貶とアイロニーを感じてほしかったところです。

ウェルフェア資本主義が恐慌により正反対の方向に進み、それに対して労働側も旗幟鮮明となり、結果、ジョブ・コントロール・ユニオニズムという休戦協定のような状態になった。労と使が分離してしまった状態です。対して、少数生き永らえたウェルフェア資本主義の庶子たちが、荘園型経営へと移り、終身雇用と年功昇進により次第に市民権を得て、ジョブ・コントロール型を駆逐するか……という時代がきた。ジョブ・コントロール型にいたブルーストーン父子などは、宗旨変えしてこちらに寄ってくる。何より、エリートの卵の大学生は、ジョブ・コントロール企業よりも荘園型経営企業を希望する。

……。

ところが、最後に笑うのは日本型か、というところで、九〇年代以降の日本型の失墜

海老原　労働や雇用には安易な法則は見出せないという、今までの話に通じるところがあ

りますね。でも私的には、コダックなどはもう少し日本型経営の仕組みを研究していれば、富士フイルムのように生き永らえたと思っているのですが。株式持ち合いを進めて、モノ言う株主を排除し、低利益でも文句を言われず多事業を抱え、その中から次世代の「当たり」を見つける、という日本型の真骨頂まで真似ればよかったと思うのです。

濱口　それは無理でしょう。持ち合いをするには、相手方の企業が多数必要になります。そうしたパートナーをそろえることが難しいでしょう。つまり、雇用システムというものは一社では成り立ちません。それは社会の多数派である必要があります。社会主義は孤立して一国社会主義でも成り立つが、企業は一社だけ孤立して存在するのは難しい。雇用システムは企業内の人事システムであると同時に社会システムでもあるからです。

†日本社会に労働者代表制は取り入れられるか?

海老原　さて、こんな感じで市場給や会社を超えた団結という一つの柱の話は終えて、続いて、従業員代表制―共同経営について。こちらは日本ではどのようになるでしょうか。民主党政権時代にこの制度について一時盛り上がりましたよね。あの時は、労働者側に立つはずの組合が難色を示しました。

濱口　まず整理をしておきたいのですが。労働組合は自由意志で参加するものであり、組合員は組合費を払って賃上げの効果を得る。一方、従業員代表制は企業に設置が義務づけられ、企業の負担で職場の労働問題を処理する。一方は自分たちで団結し、経営側と団体交渉する組織であり、もう一方は経営に参加し、協議でものごとを進めていく組織です。両者はその立脚思想がまったく異なります。

日本の企業別組合はこの両方を中途半端に行っているわけですね。従業員からすれば、組合費を払わなくても同じサービスを受けられるのなら従業員代表制の方が組合よりありがたいでしょう。だから商売敵で余計な仕組みを作らんでくれ、ということになる。

海老原　だから、組合はかつて従業員代表制に反発したのでしょう。ところが、昨今、連合も方針を変えて、この仕組みに前向きになってきました。

濱口　今や労働組合の組織率は一六％台です。それも大企業に集中していて、一〇〇人未満企業では一％もありません。つまり世の中労働組合がない企業が大半で、そうしたところは当然、（企業別組合が果たしている）従業員代表制の機能もありません。これはとても大きな問題です。

一方、組合を束ねる上部組織のナショナルセンターともなると、組合員だけの利益代表ですともいえず、非組合員も含めた全産業の労働者全体を視野に入れないといけません。ただ、では労働組合の組織拡大でそれを実現するといっても、現状ではとても無理です。

ということで、連合としてはもう一方で従業員代表制の導入を模索しています。

海老原　それが日の目を見る日は近いですか？

濱口　労働者代表法案要綱なるものは、連合の名前では発表はしています。ただ、本気なら、支持政党を通じてそれを国会に出すはずです。野党法案だから通らないのは織り込み済であっても、姿勢を示すためにも法案を国会に出すはず。そんなことはいくらでもやれるわけですよ。だけどそれをしない。

海老原　つまり、そこまで、まとまってないからですよね。濱口さん的には労働者代表制度って日本だったらどのように作ればいいですか。組合のない企業にも作る、それももう強制的に。そして、組合が排除している管理職や非正規もカバーする、無料で。ここまではわかります。

濱口　問題はその先、労働組合がある企業をどうするかですね。連合の法案では、労働組合が結成されたら労働者代表委員会は解散するという形で両者のバッティングを防ごうとしています。しかし、自発的な結社としての労働組合は本来組合員のための組織であって、職場の全員のための従業員代表制とは性格が違います。

ここからお話しする意見は、まだ明確な形で提示したことのあるものではありませんが、私としては、現時点で考えうるぎりぎりの案ではないかと思っています。それは、まずすべての企業に、従業員代表機関の設置を義務付ける。そして、すでに過半数組合があるところでは、あるいは新たに過半数組合が結成された場合には、その過半数組合が従業員代表機関としての認定を受けて、その機能を受け持つというものです。

海老原　そうすると、過半数組合は今のままで、その中がしっかり機能分化して、団体交渉をやる組合機能と、経営協議を行う従業員代表機能の二本柱が明確になりますね。

濱口　しかし、今のままでは労働組合機能と従業員代表機能が渾然《こんぜん》一体《いったい》となっており、きちんと区別されていません。組合機能は組合員の払う組合費で賄い、従業員代表機能は企業が負担すべきという原則からすると、どちらからみても不満の残るありかたです。そこで、これはやや理想論なのですが、過半数組合を組合機能部分と従業員代表機能部分に分けて、人的にも経理的にもきちんと区分する。前者は組合費で賄い、組合員のために団体交渉をする。後者は企業が負担し、全従業員のために協議をする。とはいえ、そんなことできるわけないよ、と言われそうですが。

海老原　できたとしての仮定で話したいのですが、それでも、団体交渉を外部と企業横断的にするわけじゃないから、その部分は日本的な状況を脱せず、やっぱり弱い気はいたします。

濱口　いや、完全に経営協議の機能は分離して、組合機能は団体交渉に特化するわけです。

現状では、この分離ができていないから、今の企業別組合は、社内の論理に巻かれてしまうところがあり、そこが大きく改善されます。そして、残った組合機能は、団体交渉一つに絞られるから、その力を強くするために、外部と組んで集合取引を行うことが迫られるでしょう。

海老原　あ、そこから企業横断的な団結が始まると。そうすると、一つの組合の中が、従業員代表部と組合部に分かれ、組合部の方は外とつながる、という形ですね。非対称な二つの組織が並立すると。

濱口　そうですね。そういう話をしていくと、従業員代表部の方は全社員が入り無料、組合部の方は有志でかつ有料と、本当にできるのか？　という話になります。だからこれはやはり、完成した案ではなく、両者のバッティングを避けるためにはどうしたらいいのかをみんなで考えるためのたたき台程度に考えてもらえれば幸いです。

海老原　わかりました。ここまで話をうかがってきて改めて感じたのは、「労働・雇用システムは歴史的経緯で成り立つ複雑なもの」ということですね。そのためにも、自他国の現存するシステムがどのようにできてきたのか、を知っておくことの重要さが身に染みてわかりました。そして、複雑な要素がからまる労働・雇用分野では、通り一片のスマートな解釈などは成り立たないということも痛感しております。さらにいえば、良い悪いという判断も現代流の価値観で安直にしてはいけませんね。このあたりは労働運動の流れや仕組みを知るということとは別に、しっかり心しておきたいところです。

あとがきに代えて　マルクスが入っていない理由

本書は、海老原嗣生さんが代表を務めるニッチモが発行する『HRmics』という雑誌に、二〇一五年八月号（第22号）から二〇二〇年四月号（第35号）までに連載した「原典回帰」という連載を一冊にまとめたものです。労働法政策を基本的ディシプリンとし、日本型雇用システムを主たる問題意識とする私が、同誌にまず連載したのは、二〇一二年八月号（第13号）から二〇一五年五月号（第21号）まで執筆した「雇用問題は先祖返り」でした。「同一労働同一賃金はどいつの台詞だ？」から「労務賃貸借と奉公の間」までの九回にわたるその連載は、基本的に私の通常の書き物のレパートリーの範囲内に収まるものであり、他誌でも（精粗深浅に違いはあれ）似たようなことを書いていました。でもそのうちに、もう少し枠をはみ出たことを書いてみたいと思うようになったのです。

前の連載がそろそろ三年目になる頃、渋谷の日本酒のおいしい酒場で海老原さんと呑み交わしながら、「HRmicsの連載、ちょっと違う路線でやってみたいんですけど」「労働問題の古典を紹介するなんてのはどうでしょう」「一回目はウェッブ夫妻の『産業民主制』でやりたいんです」と切り出してみました。海老原さんがその時、どこまで私の意図を感知していたのかはわかりませんが、即座に「あぁそれいいですね。それでいきましょう」と答えていただき、その結果「原典回帰」という私なら思いつかなかったようなメインタイトルと、「マルクスなんてワン・オブ・ゼム。労働イデオロギーの根源を探訪」という魅力的なサブタイトルの下で、連載が開始されたのです。

労働思想の古典の第一回目がウェッブ夫妻というのはあまりにも常識的ですが、その後の私の選書はいささか常識外れだったのかもしれません。とりわけ、海老原さんがつけてくれた「マルクスなんてワン・オブ・ゼム」という連載時のサブタイトルにもかかわらず、本書には一冊もマルクスの本、いやマルクス主義系の本すらも収録されていないのは、いささか詐欺商法ではないかと思う人もいるかもしれません。いやもっとまじめに、マルクスこそ労働思想の最高峰なのに、それを無視するとは許し難い保守反動の書だ！ と怒り心頭に発する人もいるかもしれません。

そこで、「あとがきに代えて」、なぜマルクスの本やマルクス主義の本を本書で取り上げなかったのかをざっと説明しておきたいと思います。

ご承知のようにマルクスもエンゲルスもドイツ人ですが、ベルギーやフランスに亡命し、後半生はずっとイギリスで過ごしました。彼らの資本主義分析も労働論も、基本的には当時世界の最先進国であったイギリスの製造業がベースになっています。ただ、彼らが描き出した悲惨な工場労働者の姿は、海老原さんとの対談で述べたかわいそうな女子年少労働者が中心で、ウェッブ夫妻が描いた熟練職人たちではありません。もちろんいずれも当時の労働の現実だったわけですが、少なくともトレード型のイギリス労働運動を生み出し発展させていったのは、マルクスの同志エンゲルスが「労働貴族」と罵《ののし》った彼らジャンタたちであったのは確かです。工場法や労働基準法がなぜ作られたのかを語るのであれば、エンゲルスの『イギリスにおける労働者階級の状態』やマルクスの『資本論第一巻』は必読文献でしょうが、労働組合法の起源を語るのには必ずしも適当ではないのです。

こうして、イギリスやアメリカの労働運動にとっては、マルクスは縁なき衆生に終わったのですが、マルクスやエンゲルスの祖国ドイツではさすがに彼らの思想が労働運動に大きな影響を与えました。ドイツはイギリスに比べ産業化は遅れており、渡り職人のヴァイトリングらがフランスに亡命して正義者同盟なんていうやたらに意識高い系の結社を作ったりしていました。マルクスらが入って共産主義者同盟と改名したこの結社の綱領として書かれたのが有名な『共産党宣言』です。ちなみに、戦後日本の新左翼界隈で流行った「ブント」ってのは、この共産主義者同盟の「同盟《ブント》」からきています。

その後ドイツの労働運動はプロイセン政府の支援を求めるラッサール派が主導権をとり、

マルクスらはそれを猛烈に叩きます。そしてビスマルクによる社会主義弾圧を経て、マルクス主義者のカウツキーやベルンシュタインらが率いる社会民主党が発展していきますが、ここまでは労働運動は社会主義運動の陰に隠れていました。一九世紀末になってようやくレギーン率いる自由労働組合が発展していきます。

はい、ここで第4講のナフタリ『経済民主主義』に接続しました。ベルンシュタインはウェッブ夫妻と付き合って修正主義を唱えましたが、カウツキーら正統派はマルクス主義に固執しました。しかし、第一次世界大戦が事態を大きく変えました。戦時中の「城内平和」で労働組合は積極的に戦争に協力し、その代わりに労使共同参加や企業内労働者委員会といったワイマール労働システムの端緒を手に入れたのです。

実のところ、リープクネヒトやローザ・ルクセンブルクら急進派を除けば、社会民主党の大勢は（口先は別にして）修正主義にシフトしていたようです。一九一八年一一月のドイツ革命では、前年起きたロシア革命でボルシェビキ（共産党）が唱えた「すべての権力をソビエトへ」に倣《なら》って「すべての権力をレーテへ」が唱えられました。ソビエトもレーテも労兵評議会という意味ですが、ここでは「レーテ」が急進派のシンボルだったのです。ところがエーベルトら社会民主党の指導部は軍部と連携して急進派の反乱を鎮圧し、議会制民主主義を維持します。これと並行して、これもナフタリのところで述べたように、中央労使団体間のシュティンネス・レギーン協定によって、ワイマール労働システムの大枠が合意され、順次法制化されていきます。

ここで面白いのは、「ソビエト」のドイツ語版であり、ドイツ共産党のシンボルであった「レーテ」が、むしろ戦時中の城内平和で確立した企業内労働者委員会を受け継ぐ「ベトリープス・ラート」の「ラート」として（見事に換骨奪胎《かんこつだったい》されて）受け継がれたことです（「レーテ」は「ラート」の複数形）。その後の社会民主党や労働組合はまさにナフタリ流の「経済民主主義」路線を歩んでいき、共産党とは敵対関係になりますが、その中核に革命期の「レーテ」という言葉が残っているのは皮肉です。逆に言えば、今日の社会民主党にもDGB《デーゲーベー》にも、その「レーテ」という言葉以外にはマルクス主義は残っておらず、思想的には絶縁しているのです。

一方、その「ソビエト」の系譜はソ連で発展し、第二次大戦後は東欧諸国や中国などに広がり、先に述べたマルクス主義対非マルクス主義という二項対立図式が常識化します。しかし、共産圏では労働組合は共産党の下部組織に過ぎず、その自律性を唱えたトムスキーや李立三らは粛清されました。スターリン時代のソ連労働法は労働者の権利どころか、もっぱら労働規律と秩序ばかりが規定され、しかもその規律違反に対しては厳格な労働刑罰制度が設けられました。任意に退職した者は二〜四か月の禁固、正当な理由なく一日以上欠勤したり二〇分以上遅刻早退した者は矯正労働六か月以内といった具合です。とんだ「労働者の祖国」もあったものです。唯物史観風にいえば、共産主義は総体的奴隷制であったとでも言えましょうか。

終戦直後にはいったん世界労連という形で統一しましたが、一九四九年には西側の労働組合が脱退して国際自由労連を結成し、二項対立図式を具現化しました。ちなみに、戦後ＩＬＯで結社の自由と団結権条約（87号）が金科玉条のように振り回されたのは、西側労働組合の共産圏に対するイデオロギー攻撃だったのです。共産圏には結社の自由も団結権もないではないかと。お前らは共産党の召使に過ぎず、ＩＬＯの三者構成原則に背く奴らだと。ところが戦後日本ではこれが、公共部門の労働基本権をめぐって（マルクス主義にシンパシーを抱く）総評系官公労が（反共主義の）保守政権を攻撃する手段として使われるというこれまた二重の皮肉がありました。

第11講のエドモン・メールのところで述べたように、西側の有力組合でも戦後フランスのＣＧＴ《セージエーテー》は世界労連に残り、共産党と繋がっていました。なのでその文書は面白くないからＣＦＤＴ《セーエフデーテー》のほうを取り上げたのです。しかしそのＣＧＴ《セージエーテー》も、ソ連崩壊後は世界労連から脱退し、二〇〇六年には（国際自由労連とキリスト教系の国際労連が合併してできた）国際労連（ＩＴＵＣ）に加盟しています。二項対立図式はほぼ完全に崩壊したといえます。もちろん今も世界にはマルクス・レーニン主義を掲げる共産主義労働組合というのは細々と存在していますが、論じるに足る存在としてはもはやほとんどないといっていいでしょう。

なお、ロシアも含め旧ソ連・東欧圏の労働組合はITUCに加盟していますが、中国共産党支配下の中華全国総工会は（もしそれを労働組合と呼ぶならば、組合員三億人を超える世界最大の労働組合ですが）ITUCに加盟していません。これに対し、台湾の中華民国総工会はITUCに加盟しています。労働組合は国際政治に妙な忖度《そんたく》をしないのです。ちなみに香港の二つの自由な労働組合はITUCに加盟していますが、その運命が心配です。

というわけでせっかく海老原さんが「マルクスなんてワン・オブ・ゼム」というサブタイトルをつけてくれたにもかかわらず、遂に一冊も取り上げるに至らなかったことの背後には、こういう複雑怪奇な事情があったわけです。お判りいただけましたでしょうか。

さて、『HRmics』の連載も佳境に入った頃、二〇一八年夏にちくま新書の松本良次さんから一冊にまとめて出版しないかというお話があり、海老原さんとも相談しながらこういう形にまとめてきました。実は、『HRmics』の連載はまだ続き、とりわけ藤林敬三の議論をさらに深める意味で、日本の労使関係者による文献を取り上げていこうと思っているのですが（同誌二〇二〇年八月号（第36号）では経済同友会『企業民主化試案』を紹介）、とりあえずここでいったん一冊にまとめておいた方がいいだろうという判断です。

二一世紀に入ってから労働問題への関心は高まる傾向にあり、おかげで私も何冊か本を出させていただいていますが、本書で取り上げたような古典的名著は依然として忘れられているのが現状です。

本書は吹けば飛ぶような小著ではありますが、労働問題を思想のレベルに立ち戻ってじっくり考えようとする人々には何らかのお役に立てるかもしれません。そうであることを祈っております。

濱口桂一郎

ちくま新書
1517

働《はたら》き方《かた》改革《かいかく》の世界史《せかいし》

二〇二〇年九月一〇日 第一刷発行

著者 濱口桂一郎（はまぐち・けいいちろう）
海老原嗣生（えびはら・つぐお）

発行者 喜入冬子
発行所 株式会社 筑摩書房
東京都台東区蔵前二-五-三 郵便番号一一一-八七五五
電話番号〇三-五六八七-二六〇一（代表）
装幀者 間村俊一
印刷・製本 株式会社 精興社

Printed in Japan
ISBN978-4-480-07331-0 C0236

ちくま新書

1071
日本の雇用と中高年
濱口桂一郎
激変する雇用環境。労働問題の責任ある唯一の答えは「長く生き、長く働く」しかない。けれど、年齢が足枷になって再就職できない中高年。あるべき制度設計とは。

1448
年金不安の正体
海老原嗣生
不満につけこみ、不公平を騒ぎ立て、制度が崩壊すると危機感を煽る。不安を利益に変える政治家や評論家、メディアのウソを暴き、問題の本質を明らかにしよう。

1188
即効マネジメント
――部下をコントロールする黄金原則
海老原嗣生
自分の直感と経験だけで人を動かすのには限界がある。マネジメントの基礎理論を学べば、誰でもいい上司になれる。人事のプロが教える、やる気を持続させるコツ。

880
就活エリートの迷走
豊田義博
超優良企業の内定をゲットした「就活エリート」。彼らが入社後に、ことごとく戦力外の烙印を押されている……。採用現場の表と裏を分析する驚愕のレポート。

1128
若手社員が育たない。
――「ゆとり世代」以降の人材育成論
豊田義博
まじめで優秀、なのに成長しない。そんな若手社員が増加している。本書は、彼らの世代的特徴、職場環境、大学での経験などを考察し、成長させる方法を提案する。

035
ケインズ
――時代と経済学
吉川洋
マクロ経済学を確立した20世紀最大の経済学者ケインズ。世界経済の動きとリアルタイムで対峙して財政・金融政策の重要性を訴えた巨人の思想と理論を明快に説く。

533
マルクス入門
今村仁司
社会主義国家が崩壊し、マルクス主義が後退した今、マルクスを読みなおす意義は何か？　既存のマルクス像からはじめて自由になり、新しい可能性を見出す入門書。

1015
日本型雇用の真実
石水喜夫
雇用流動化論は欺瞞である。日本型雇用は終わっていない。労働力を商品と見て、競争を煽ってきた旧来の労働経済学を徹底批判。働く人本位の経済体制を構想する。

946
日本思想史新論
――プラグマティズムからナショナリズムへ
中野剛志
日本には秘められた実学の系譜があった。『ＴＰＰ亡国論』で話題の著者が、伊藤仁斎、荻生徂徠、会沢正志斎、福沢諭吉の思想に、日本の危機を克服する戦略を探る。

1492
日本経済学新論
――渋沢栄一から下村治まで
中野剛志
日本の近代資本主義を確立した渋沢栄一の精神は、いかに高橋是清、岸信介、下村治ら実務家たちに受け継がれたか。気鋭の評論家が国民経済思想の系譜を解明する。

1065
中小企業の底力
――成功する「現場」の秘密
中沢孝夫
国内外で活躍する日本の中小企業。その強さの源は何か？　独自の技術、組織のつくり方、人材育成……。多くの現場取材をもとに、成功の秘密を解明する一冊。

1166
ものづくりの反撃
中沢孝夫
藤本隆宏
新宅純二郎
「インダストリー4.0」「ＩｏＴ」などを批判的に検証し、日本の製造業の潜在力を分析。現場で思考をつづけてきた経済学者が、日本経済の夜明けを大いに語りあう。

1351
転職のまえに
――ノンエリートのキャリアの活かし方
中沢孝夫
仕事人生の転機において何を考えるべきか？　雇用の基本、キャリア、自己投資。中小企業論の第一人者が様々な実例とともに語る、中高年からの働き方「再」入門。

851
競争の作法
――いかに働き、投資するか
齊藤誠
なぜ経済成長が幸福に結びつかないのか？　標準的な経済学の考え方にもとづき、確かな手触りのある幸福を築く道筋を考える。まったく新しい「市場主義宣言」の書。

ちくま新書

1138
ルポ 過労社会
――八時間労働は岩盤規制か
中澤誠
長時間労働が横行しているのに、さらなる規制緩和は必要なのか？　雇用社会の死角をリポートし、「働きすぎの日本人」の実態を問う。佐々木俊尚氏、今野晴貴氏推薦。

955
ルポ 賃金差別
竹信三恵子
パート、嘱託、派遣、契約、正規……。同じ仕事内容でも、賃金に差が生じるのはなぜか？　非正規雇用という現代の「身分制」をえぐる、衝撃のノンフィクション！

1496
ルポ 技能実習生
澤田晃宏
どのように日本へやってきたか。なぜ失踪者が出るのか。働く彼らの夢や目標と帰国後の生活とは。国際的な人材獲得合戦を取材して、見えてきた労働市場の真実。

784
働き方革命
――あなたが今日から日本を変える方法
駒崎弘樹
仕事に人生を捧げる時代は過ぎ去った。「働き方」の枠組みを変えて少ない時間で大きな成果を出し、家庭や地域社会にも貢献する新しいタイプの日本人像を示す。

1502
「超」働き方改革
――四次元の「分ける」戦略
太田肇
長時間労働、男女格差、パワハラ、組織の不祥事まで、日本企業の根深い問題を「分け」て解決！　テレワークがうまくいく考え方の基本がここに。

1114
これだけは知っておきたい 働き方の教科書
安藤至大
いま働き方の仕組みはどうなっているか？　これからどう変わり、どう備えるべきなのか？　法律と労働経済学の見地から、働くことにまつわる根本的な疑問を解く。

817
教育の職業的意義
――若者、学校、社会をつなぐ
本田由紀
このままでは、教育も仕事も、若者たちにとって壮大な詐欺でしかない。教育と社会との壊れた連環を修復し、日本社会の再編を考える。

ちくま新書

785 経済学の名著30 松原隆一郎
スミス、マルクスから、ケインズ、ハイエクを経てセンまで。各時代の危機に対峙することで生まれた古典には混沌とする経済の今を捉えるためのヒントが満ちている！

807 使える！ 経済学の考え方 ——みんなをより幸せにするための論理 小島寛之
人は不確実性下においていかなる論理と嗜好をもって意思決定するのか。人間の行動様式を確率理論を用いて抽出し、社会的な平等・自由の根拠をロジカルに解く。

837 入門 経済学の歴史 根井雅弘
偉大な経済学者たちは時代の課題とどう向き合い、それぞれの理論を構築したのか。主要テーマ別に学説史を描くことで読者の有機的な理解を促進する決定版テキスト。

1069 金融史の真実 ——資本システムの一〇〇〇年 倉都康行
懸命に回避を試みても、リスク計算が狂い始めるとき、金融危機は繰り返し起こる。「資本システム」の歴史を概観しながら、その脆弱性と問題点の行方を探る。

1006 高校生からの経済データ入門 吉本佳生
データの収集、蓄積、作成、分析。数字で考える「頭」は、情報技術では絶対に買えません。高校生でも、そして大人でも、分析の技法を基礎の基礎から学べます。

1274 日本人と資本主義の精神 田中修
日本経済の中心で働き続けてきた著者が、日本人の精神から、日本型資本主義の誕生、歩み、衰退の流れを様々な資料から丹念に解き明かす。再構築には何が必要か？

1276 経済学講義 飯田泰之
ミクロ経済学、マクロ経済学、計量経済学の主要3分野をざっくり学べるガイドブック。体系を理解して、大学で教わる経済学のエッセンスをつかみとろう！

ちくま新書

1458
図解でわかる会社の数字
――株価を動かす財務データの見方
花岡幸子
財務3表の見方から経済指標の意味まで、株式投資や就職の前に知っておきたい会社の数字の読み解き方をすべてネコで図解。この一冊で、会社の実力を見抜く！

1228
「ココロ」の経済学
――行動経済学から読み解く人間のふしぎ
依田高典
なぜ賢いはずの人間が失敗をするのか？　自明視されてきた人間の合理性を疑い、経済学、心理学、脳科学の最新知見から、矛盾に満ちた人間のココロを解明する。

1042
若者を見殺しにする日本経済
原田泰
社会保障ばかり充実させ、若者を犠牲にしている日本経済に未来はない。若年層が積極的に活動し、失敗しても取り返せる活力ある社会につくり直すための経済改革論。

1277
消費大陸アジア
――巨大市場を読みとく
川端基夫
中国、台湾、タイ、インドネシア……いま盛り上がるアジア各国の市場や消費者の特徴・ポイントを豊富な実例で解説する。成功する商品・企業は何が違うのか？

1302
働く女子のキャリア格差
国保祥子
脱マミートラック！　産み、働き、活躍するために必要な職場・個人双方の働き方改革を具体的に提案。育休取得者四〇〇〇人が生まれ変わった思考転換メソッドとは？

1413
日本経営哲学史
――特殊性と普遍性の統合
林廣茂
中世から近代まで日本経営哲学の展開をたどり、渋澤栄一、松下幸之助、本田宗一郎ら20世紀の代表的経営者の思想を探究。日本再生への方策を考察する経営哲学全史。

1046
40歳からの会社に頼らない働き方
柳川範之
誰もが将来に不安を抱える激動の時代を生き抜くには、どうするべきか？「40歳定年制」で話題の経済学者が、新しい「複線型」の働き方を提案する。